우리 민족의 DNA

대한민국
진로유산

Foreign Copyright:
Joonwon Lee
Address: 3F, 127, Yanghwa-ro, Mapo-gu, Seoul, Republic of Korea
          3rd Floor
Telephone: 82-2-3142-4151
E-mail: jwlee@cyber.co.kr

우리 민족의 DNA
대한민국 진로유산

2020. 10. 13. 1판 1쇄 인쇄
2020. 10. 20. 1판 1쇄 발행

지은이 │ 김병숙
펴낸이 │ 이종춘
펴낸곳 │ BM (주)도서출판 성안당
주소 │ 04032 서울시 마포구 양화로 127 첨단빌딩 3층(출판기획 R&D 센터)
       10881 경기도 파주시 문발로 112 파주 출판 문화도시(제작 및 물류)
전화 │ 02) 3142-0036
       031) 950-6300
팩스 │ 031) 955-0510
등록 │ 1973. 2. 1. 제406-2005-000046호
출판사 홈페이지 │ **www.cyber.co.kr**
ISBN │ 978-89-315-9012-8 (03300)
정가 │ 16,000원

이 책을 만든 사람들
기획 │ 최옥현
진행 │ 오영미
교정 · 교열 │ 신현정
본문 · 표지 디자인 │ 상:想 company
홍보 │ 김계향, 유미나
국제부 │ 이선민, 조혜란, 김혜숙
마케팅 │ 구본철, 차정욱, 나진호, 이동후, 강호묵
마케팅 지원 │ 장상범, 조광환
제작 │ 김유석

■ 도서 A/S 안내

성안당에서 발행하는 모든 도서는 저자와 출판사, 그리고 독자가 함께 만들어 나갑니다.
좋은 책을 펴내기 위해 많은 노력을 기울이고 있습니다. 혹시라도 내용상의 오류나 오탈자 등이
발견되면 **"좋은 책은 나라의 보배"**로서 우리 모두가 함께 만들어 간다는 마음으로 연락주시기
바랍니다. 수정 보완하여 더 나은 책이 되도록 최선을 다하겠습니다.
성안당은 늘 독자 여러분들의 소중한 의견을 기다리고 있습니다. 좋은 의견을 보내주시는 분께는
성안당 쇼핑몰의 포인트(3,000포인트)를 적립해 드립니다.

잘못 만들어진 책이나 부록 등이 파손된 경우에는 교환해 드립니다.

우 리 민 족 의 DNA

대한민국
진로유산

김병숙 지음

BM (주)도서출판 성안당

목차

그림목록

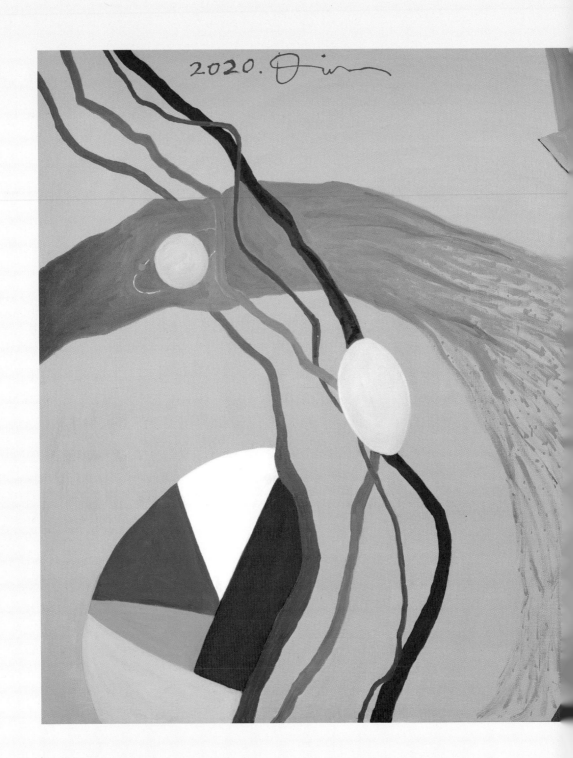

◐ 〈위대한 대한민국〉 (162.0×130.3cm, Oil on canvas, 2020)

서문

　심리학에서는 한 사람을 이해하기 위하여 그 삶의 과거를 되뇌는 작업을 하며, 인과론적인 결론을 내리고 앞으로의 행동을 예견한다. 이와 마찬가지로 '우리는 누구인가?'라는 질문에 대한 답은 우리의 과거, 즉 '역사'에서 발견할 수 있다.

　어린 시절, 나는 초등학교 역사 시간에 일제 강점기의 치욕과 마주친 적이 있다. 이를 계기로 우리 역사를 외면했고, 결국 나는 역사의 문외한이 되었다. 그러나 '우리는 누구인가?'라는 질문에 대한 답을 얻기 위해 뒤늦게나마 역사의 중요성을 인식한 것은 큰 행운이었고, 그 시간은 내 인생에서 가장 값진 순간들이었다.

　이 질문에 접근하고자 역사 공부를 시작했고, 7년 동안 『한국직업발달사』(2016, 시그마프레스)를 집필하며 우리가 얼마나 위대한 민족인지를 알게 되었다. 우리 민족의 우수성, 어떠한 상황에서도 끝까지 나라를 지키고자 했던 선조들의 드높은 정신이 있었기에 오늘날 우리가 있음을 깨닫는 순간, 가슴이 벅차올라 눈물을 흘렸던 게 몇 번인지 이루 다 헤아릴 수 없다.

　『한국직업발달사』를 집필하면서 다음과 같은 다섯 가지가 안타까웠다. 첫째, 우리 역사가 일제 강점기에 단절된 조선과 현대를 잇는 작업을 위정자들이 하지 않았다. 둘째, 우리 민족의 우수성을 정확히 알려 주고 보존하고 유지해 나갈 시스템이 구축되어 있지 않았다. 셋째, 우리 역사를 바로 알아야 미래를 내다보는 역량이 길러진다는 점을 교육 제도에서 소홀히 하였다. 넷째, 고용 정책에서 우리 민족의 특성을 분석하여 일자리를 창출해야 한다는 점을 간과하였다. 다섯째, 우리 민족만이 갖는 고유한 직업적 재능과 직업관이 있음을 진로교육이나 직업상담에 도입하지 못하였다.

나는 다섯 번째로 제시한 점을 조금이나마 해결하기 위하여 이 책을 집필하였다. 여기서 '우리 민족만이 갖는 고유한 직업적 재능'을 '진로유산'이라고 명명하였다. 세계문화유산은 1972년 채택한 유네스코 '세계문화 및 자연유산 보호협약'(세계유산협약, Convention Concerning the Protection of the World Cultural and National Heritage)에 근거한다. 이 협약에 따라 소재지와 관계없이 인류 모두를 위해 발굴 및 보호·보존할 만한 가치가 있는 자연이나 문화를 세계유산으로 지정한다. 그렇다면 문화를 형성한 독특한 재능은 그 민족의 진로유산일 수밖에 없다. 우리 민족의 진로유산은 곧 우리 민족의 DNA이다.

2020년은 직업학을 창설하고 직업상담사 자격을 도입하면서 ㈔한국직업상담협회를 설립한, 명실공히 직업상담 분야의 20주년이 되는 해이다. 이런 뜻깊은 해를 맞이하여 '대한민국 진로유산'을 그림으로 그렸고, 『한국직업발달사』에서 글을 발췌하여 도판이 아닌 그림을 넣어 이 책을 만들었다. 그리고 '우리 민족의 DNA 대한민국 진로유산'의 그림들을 전시하는 한마당을 마련하였다. 이러한 한마당을 통하여 우리 민족의 위대함과 개개인의 우수성을 증명하고자 한다.

아울러 이 책을 출판해 주신 성안당 이종춘 회장님, 최옥현 상무님, 그리고 본협회 임경식 사무총장의 노고에 감사의 글을 드린다.

2020년 10월
서초동 연구실에서

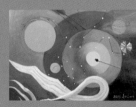

제1장

우리는 누구인가?

01

반만년 역사에
나타난 우리

어렸을 때 할아버지, 할머니에게서 들은 견우와 직녀 이야기는 2,000년 전 고구려 벽화 속에서 만날 수 있다. 말 위에서 활시위를 당기는 고구려 기마병에서 우리는 올림픽 양궁 선수의 모습을 떠올린다. 무령왕(462~523) 능에서 보았던 1,500년 전의 수저와 1,600년 전 가야 토기의 잔은 지금도 우리 식탁에 놓여 있다.

그렇다면 이러한 우리의 생활상은 어디서부터 비롯된 것일까?

3,500년 전에 직업인이 활동했던 고조선의 생산 체제, 수레를 가동하여 무역 세계와 북방 영역에서 패권을 장악하여 부를 추구했던 고구려의 첨단 물류 시스템, 그 당시 풍류를 즐기고 고도로 숙련된 첨단 기술을 외국에 전수한 백제의 기술 창조, 최고의 상품을 만들고 수출한 가야의 하이테크, 국민의 정신적 풍요를 가져와 천 년 동안 국가를 유지하였던 신라의 인력 양성 시스템, 광대한 영토의 계획된 통치를 시도한 발해의 국제 물류 거점의 첨단화, 격동의 대외 환경에서도 470여 년간 국가를 온전히 보존하였던 고려의 국력, 객관성과 공정성 그리고 투명성을 위한 조선의 기록 문화 등이 더욱 옷깃을 여미게 한다.

세계에서 가장 많은 고인돌을 보유한 우리 선사 시대의 아름다움, 그때 당시 구할 수 있는 재료만으로 생활의 간편성을 추구한 고조선의 지혜, 중국의 광활한 대지 위에서 고구려의 거대한 숨결을 보여 주는 유적들과 벽화에 나타난 고구려인의 기상, 첨단 기술의 경지를 보여 주고 기술을 전수한 백제의 선진성, 고도로 기술을 발달시키고 명품을 만들어 내어 무역에 매진한 가야의 차별성, 돌과 금은을 자유자재로 표현한 위대한 유산들이 펼쳐 내는 신라의 예술성과 독창성, 국제 물류의 중심에 서고자 한 발해의 웅지, 세계에서 가장 처음으로 금속 활자를 발명하고 청자를 구워 낸 고려의 문화적 혜안, 세계에서 가장 과학적이고 아름다운 한글과 그 시대의 첨단 과학을 구가했던 조선 시대의 품격, 이 땅을 지켜 내고자 뜨거운 피를 흘렸던 독립지사들의 올곧음 등을 확인하면서 우리 선조들은 그 시대에 자신이 갖고 있는 모든 역량을 다하였고, 그 덕분에 오늘의 우리가 존재한다는 것은 의심의 여지가 없다.

또 국민 개개인은 어떠한가? 경상북도 안동에 문중마다 인쇄소가 있었다는 점만 보더라도, 우리의 금속 활자 발명이 독일의 구텐베르크보다 1세기 가까이 앞섰다는 게 당연하다는 생각이 든다. 게다가 안동에는 한 문중마다 소규모이긴 하지만 박물관이 설치되어 있어 향촌 사회의 문화적 깊이를 짐작할 수 있다. 국민 개개인도 학문과 문화를 사랑하는 정신을 지니고 있었다는 증거는 비단 이뿐만이 아니다. 자연과 어우러지는 조형물들, 돌, 흙, 종이, 나무 등, 어느 하나도 미와 멋을 추구하지 않은 것이 없다.

현대의 정주영(1915~2001) 회장이 미포에 조선 산업을 일으키기 위하여 외국 투자 회사에 이순신 장군의 거북선을 보여 주었다는 일화가 있다. 우리는 고조선부터 선박 제조 기술이 남달랐기 때문에 현재 조선 산업이 전 세계 1위로 자리 잡을 수 있었다. 철강 제조가 이 땅에 존재하는 것은 우리의 선조들이 철을 제조하는 기술이 고대로부터 발달하였고, 이는 중국보다 더 강도 높은 철을 제조한 역사의 결과이기도 하다.

경제 개발 5개년 계획이 시작되었을 때부터 우리나라 경제 발전에 기여한 섬유와 봉제 산업은 고대로부터 발달한 직조술에 그 뿌리를 두고 있다. 섬세함은 우리의 젓가락 문화의 소산이며, 뛰어난 디자인 감각은 우리 강산이 빼어나기 때문이다. 급속한 경제 개발을 구현하고 IT 강국, 그리고 인터넷 보급 속도가 세계에서 제일인 것은 근면성과 빠른 속도를 추구하고자 하는 우리 민족의 진취적인 기상에서 기인한다.

현대에 와서 세계는 한국에 대하여 놀라워하고 있다. 그들은 우리나라가 다른 나라들과 달리 대규모 강제 봉쇄 없이도 코로나19 바이러스 사태를 억제하는 데 성공한 모범국으로 지목하였다. 그리고 총선을 예정대로 치르면서도 공중 보건을 지키는 방법을 전 세계에 보여 주었다고 평가하였다. 이는 우리나라 보건·의료 시스템의 우수성을 세계에서 인정한 것이다.

우리나라 반만년 역사에서 '고구려 705년', '백제 678년', '신라 992년', '조선 519년', 이렇게 500년 이상 존속한 4개 왕조의 역사가 있으며, 이렇듯 찬란한 역사를 이룩할 수 있었던 것은 우리 선조들이 각 분야에서 투철한 직업의식을 가지고 살아 왔기 때문이다.

우리의 위대함은 단연코 나라를 지키고자 하는 불굴의 정신, 그리고 어떤 상황에서도 끝까지 나라를 지켜온 점이다. 동학교도와 농민들이 반봉건·반침략을 주장한 동학 농민 운동(1894년), 모스크바 3국 외상 회의에서 결정한 신탁 통치 반대 운동(1945년), 학생과 시민이 참여해 독재에 반대한 4·19 혁명(1960년), 신군부 집권에 저항한 5·18 민주화 운동(1980년), 외환위기를 극복하려 한 국민들의 금모으기 운동(1997), 대통령 퇴진을 요구한 촛불 집회(2016년)가 그것이다.

02

우리 민족의 혼,
백두산 천지

일본을 방문하였을 때 하나 부러운 것은 후지산이었다. 후지산은 일본에서 가장 높은 산이며, 해발 3,776m로 1707년 마지막으로 폭발한 휴화산이다. 어느 방면에서도 후지산을 볼 수 있도록 건물 높이를 조절하였다는 이야기를 듣고 후지산이 일본인들의 마음의 산임을 알 수 있었다.

중국이 개방되면서 백두산에 종종 가게 되었는데, 갈 때마다 안내원은 백두산 천지를 볼 수 있는 것은 행운이라는 이야기를 늘 한다. 산 밑자락에서 하늘을 보니 백두산 천지에 다다른 구름들은 대단히 빠르게 흘렀다. 주변의 아름다운 색조에 둘러싸여 있는 신비하기 짝이 없는 백두산은 산 중심에 가까이 갈수록 돌풍과 같은 바람을 일으켜 함부로 근접하는 것을 거부하는 듯하다. 백두산 중앙부에 있는 천지는 그 주변에 2중 화산의 외륜산에 해당하는 해발고도 2,500m 이상의 봉우리 16개가 천지를 둘러싸고 있는데, 모두 회백색의 부석으로 덮여 있다.

천지! 그 다양한 모습을 어떻게 표현하겠는가? 한쪽을 보여 주다가 별안간 전체 모습을 보여 주고 그러다가 전혀 보이지 않고, 그리고는 무서운 속도로 구름을 쏘아 올리는 천지는 1초도 정지하지 않으면서 무궁무진한 변화와 조화를 일으키고 있었다. 어느 날은 냉랭한 바람 속에 고요한, 그리고 너

● 〈한민족의 혼, 백두산 천지〉 (91.0×65.2cm, Mixed media on canvas, 2018)

018

무나도 깨끗한 파란 색조의 모습으로 나타나는 천지를 볼 수 있다. 이러한 천지의 역동적인 무한한 힘은 우리 민족이 진취적 기상과 혼이 여기에 있음을 알려준다. 천지는 마치 인간의 거대하기 짝이 없는 눈과 같이 하늘을 마주 보고 있으니 그 힘을 어찌 가늠할 수 있으랴!

백두산은 주변에 바람을 일으키면서 가슴깊은 곳에서 품어나오는 물을 머리에 이고 있으나 그 물이 무궁무진하여 이를 어찌하지 못해 커다란 물줄기로 흘려보내고, 또 다른 뜨거운 물이 옆구리로 김을 품으면서 새어나오는, 그러면서도 아름다운 색조에 둘러싸여 있다. 백두산이 이럴진데 일본의 후지산을 부러워하겠는가!

통일 신라 시대 말 도선(道詵, 827~898)의 「옥룡기」(玉龍記)에 의하면, 우리나라 지맥은 백두산에서 일어나 지리산에서 그쳤는데, 그 산세는 뿌리에 물을 품은 나무줄기의 지형을 갖추고 있다고 하여 우리 국토를 한 그루 나무에 비유하였다. 조선 시대에 와서 백두산을 국토의 조종(祖宗)으로 보는 관점이 자리잡게 되었다.(김영표 외, 2004)

우리나라 산맥이 14개라는 숫자는 1903년 일본인 지질학자가 측정한 것이다. 그러나 국토연구원에서 위성영상처리기술과 지리정보시스템(geographic information system, GIS)의 공간분석기법을 활용하여 관찰한 결과, 한반도에는 모두 48개의 크고 작은 산맥이 있고, 백두대간인 백두산에서 지리산에 이르는 1,587.3km짜리 산줄기의 가장 높고 긴 1차 산맥 1개가 있다. 주산맥에서 가장 높은 고도의 백두산(2,750m), 두류산(2,309m), 금강산(1,113m), 태백산(1,561m), 속리산(1,058m), 천왕봉(1,915m) 등의 봉우리를 갖고 있다. 여기에서 뻗어나온 2차 산맥 20개, 3차 산맥 24개가 있으며, 이와 무관한 독립산맥은 3개가 이 있다. 이 결과 고산자 김정호의 대동여지도가 이번에 실측된 산맥도와 매우 흡사하여(김영표·임은선·김영준, 2004) 김정호 선생의 정확성에 탄복할 따름이다.

03

생산 시스템을 구축한
고조선

우리나라에 구석기인이 살기 시작한 시기는 약 70만 년 전 부터이다. 이렇게 보자면 구석기 시대는 인류 역사의 99.9%에 해당한다. 약 4만 년 전부터 오늘날 인류와 거의 같은 두뇌 용적과 체질상의 특징을 가진 진정한 의미의 현생 인류가 출현하였다.

우리나라에서 신석기 시대는 8,000년 전부터 시작되었다. 신석기 시대가 구석기 시대와 다른 특징은 주요 도구를 돌을 갈아서 사용하고, 흙을 구워 토기를 만들어 낸 솜씨를 들 수 있다. 이렇게 발전하기까지는 수백만 년이 흐른 뒤였다. 돌을 갈아 사용한 것과 토기를 만든 이 시기는 언뜻 보면 원시인 상태에서 서서히 인간적 삶을 살았을 것이라 짐작된다. 하지만 정착 생활의 고급화, 인구 팽창, 과학적 접근, 문화적 감각 등을 실현하여 오늘의 인간을 있게 한 인간 역사의 시발점이라는 의의를 지니고 있다.

우리나라의 청동기 시대는 3,000년 전에 시작되었다. 청동은 구리를 기본으로 한 구리합금의 한 종류로서 인류가 발견한 최초의 합금이다. 특히 아연을 섞는 것은 우리나라 특유의 합금술로서, 주조 시 유연성에 도움을 주며 잘 부식되지 않는 효과가 있다.

인류 역사상 토기의 출현과 함께 청동과 철의 사용은 문명의 대혁명으로

◉ 〈생산 시스템을 구축한 고조선〉 (53.0×45.5cm, Oil on canvas, 2020)

불린다. 고대 국가에서는 철 생산지 확보와 고수를 위한 세력 간의 충돌이 끊이지 않았다. 우리나라는 2,300년 전에 철기가 출현하였으며, 중국 연나라의 철기 문화가 요동 지방과 한반도 서북 지역에 유입되었다. 이로써 청동기 시대와 더불어 초기 철기 시대로 들어서게 된다.

우리나라 최초의 국가 고조선! 우리나라 반만년 역사를 이야기할 때 그 출발점이 바로 고조선이다. 그럼에도 우리는 고조선에 대해 신화로만 접하였고, 교과서에 제시된 몇 페이지 안 되는 지식만 가지고 있을 따름이다. 고조선이 우리나라 최초의 고대 국가로서 방대한 영토와 강력한 국가 체제를 갖추었음을 이제야 확인하는 과정에 있다. 우리의 뿌리가 그곳에 있음을 확신하면, 강성한 세력을 유지한 고조선이라는 이름 앞에 숙연해진다.

고조선이 건국될 당시는 청동기 문화가 발전한 군장이 지배하는 사회였다. 세력이 강한 군장은 주변의 여러 사회를 통합하고 점차 권력을 강화하면서 가장 먼저 국가 형태로 발전하였다. 고조선은 청동기 시대와 초기 철기 시대에 걸쳐 있다. 기원전 4세기 말 고조선 후기에는 '왕'이라고 칭할 만한 국가 성립을 보여 준다. 고조선의 대표적인 무기는 세형동검으로, 검의 몸에 피가 흐르도록 홈을 만들어 놓았다. 세형동검은 검의 몸과 손잡이, 검 자루, 맞추개 이렇게 세 부분으로 따로 만들어 조립된 것으로, 조립형의 비파형 동검을 제작한 전문 기술 집단이 존재하였음을 알 수 있다.

고조선 문명을 상징하는 유물로는 지석묘와 석관묘, 비파형 동검, 미송리식 토기이다. 지석묘는 요하를 기점으로 하여 요동 지방과 한반도에 폭넓게 분포되어 있다. 고인돌의 주인공은 토기와 석기 이외에 비파형 동검 등 청동기를 소유하고, 많은 사람들을 동원하여 큰 무덤을 만들 수 있는 지배자였음을 말해 준다.(한국생활사박물관편찬위원회, 2000)

우리나라 최초의 국가인 고조선은 과학적 창조와 미 추구, 대량 생산과 인력 양성을 시도한 나라였다.

04

첨단 물류 시스템의
고구려

어릴 적에 들었던 옛날 옛적 이야기. 이 이야기들은 고구려 벽화에서 달님과 해님의 모습을 만나게 하고, 달에 있는 계수나무와 옥토끼를 보여 주며, 견우와 직녀가 은하수를 두고 어떻게 헤어지는지 알려 주고, 상상 속 동물을 현실적으로 다가가게 한다. 어디 이뿐인가? 고구려 벽화는 날개를 단 선녀와 그리고 학을 타고 날아다니는 신선까지도 만나게 해 준다. 이처럼 고구려는 꿈이 있는 나라였다.

고구려 벽화는 상상 속 동물을 실제로 보여 줌으로서 더욱 신비로움을 더하는데, 동서남북을 지키는 4종의 동물이 그려져 있다. 서쪽을 수호하는 백호는 삼벌육성의 별자리를 나타내는 것으로 이 별자리는 오리온자리의 일부이다. 북쪽을 수호하는 현무는 북두칠성을 가리키는 별자리로 거북과 뱀이 합쳐진 모습이다. 남쪽은 은하계의 중심인 궁수자리에 해당되는 남두육성의 별자리를 수호하는 주작을 표현하였다. 동쪽은 전갈자리의 뿔과 머리에 해당되는 심방육성의 별자리로서 그 수호신은 청룡이다. 고구려 벽화 중 22기에 나타난 별자리는 4개 방위의 독특한 별자리 관념을 표시한 것이다.

고구려인은 땅에서의 정복은 물론, 우주에서의 정복을 꾀하려한 것 같다. 고구려의 무덤은 하늘의 이상 세계를 표현한 둥근 천장과 지상의 현실 세계

◉ ⟨고구려의 천사⟩ ⟨53.0×45.5cm, Mixed media on canvas, 2014⟩

를 담은 네모난 벽면이 함께 어우러져 있다.(한국생활사박물관편찬위원회, 2001) 고구려인에게는 하늘이 멀리 있는 것이 아니라 지상 세계의 연장선에서 이해되는 곳이다.

이와 같이 고분 벽화에서 만나는 그림의 많은 부분은 주로 하늘을 다루고 있다. 물론 고분 벽화라는 속성 때문에 하늘과 연관되어 있는 것이 당연한 것 같다. 그러나 그 내용을 보면, 땅과 하늘과 맞닿으면서 땅과 같이 하늘을 보고자 하였다. 그림의 주인공은 날아다니거나 하늘을 헤엄쳐 다니는 모습이 많이 연출되어 있고, 앞에 제시된 상상의 동물들도 비상의 형상을 나타냈으며, 하늘을 떠받치는 역사(力士)를 표현하였다. 그리고 독특한 별자리의 관념, 이러한 것들은 하늘, 즉 우주에 대한 탐험을 독자적으로 꾀한 증거이다.

한편, 고구려 역사에는 많은 성이 나타난다. 고구려의 성은 성문, 옹성, 치, 여장, 망루 등을 갖추고 성내에는 장대와 우물, 봉수대, 창고와 병영 등이 만들어진 철옹의 방어 시설이다. 이렇듯 우리나라 정복의 역사는 고구려에 있다. 본래 고구려인은 말을 타고 활을 쏘는 기마 민족이다. 고구려는 수많은 전쟁을 통하여 무기를 개량하는 한편, 철 생산지 확보와 야금술의 발전을 가져왔고 전쟁 물자 보급을 위한 기구와 도로망을 확충하였다. 고구려는 61번을 침공하여 대부분의 고조선족을 복속시켰고 15개 나라는 멸망시켰다.

중국 베이징을 방문하면 시내를 관통하는 운하를 만나게 된다. 이 운하는 수양제가 군량을 조달하기 위해 만든 장강 유역에서 북경에 이르는 1,780km에 달하는 세계 최대 인공 운하이다. 수 양제가 보급로인 운하의 건설을 완성하고 고구려를 원정하였던 역사적 사실을 돌이켜 보면 1,400여 년 전에 일어난 수와 고구려의 전쟁이 얼마나 거대하였는지 실감할 수 있다. 수나라는 고구려와의 전쟁 결과 패망한 것이며, 당 태종의 죽음도 고구려가 원인이었다.

평안남도 강서군 수산리 고분에 있는 귀부인의 옷을 보면, 여러 가지 색으로 멋을 낸 색동치마를 입고 저고리와 바지 위에 치마를 덧입고, 그 위에 두

◆ 〈고구려의 밤하늘〉
(91.0×116.7cm, Oil on canvas, 2018)

루마기를 덧입었다. 두루마기에도 선을 대었는데, 두루마기의 바탕천은 정교한 무늬가 있을 뿐만 아니라 선도 본선 이외에 부선을 더하였고, 선으로 쓰이는 천도 장식무늬가 있으며, 멋스러운 양산을 쓰고 있다. 패션과 멋을 추구할 수 있는 사회는 부가 축적된 사회이다. 고구려가 이처럼 부를 축적할 수 있었던 것은 국가 기간산업인 물류 시스템을 첨단화한 덕분이다.

고구려 물류 시스템에서 중요한 역할을 한 것은 수레이다. 황해도 안악군에서 발견된 안악 3호군은 고국원왕(?~371) 때 축조한 것으로 추정하고 있다. 현재까지 알려진 총 95기의 고분 벽화 중 18기에서 40대의 수레와 4개의 수레바퀴 그림을 찾을 수 있다. 수레바퀴 크기는 다르게 표현되어 있는데, 짐을 나르는 용도의 수레는 바퀴가 커서 지름이 1m가 넘고 철로 테를 둘렀으며, 바퀴살도 촘촘히 박힌 방사형의 바퀴로서 이는 1960년대 타이어가 나오기 전까지 사용한 형태와 다름이 없다.(한국생활사박물관편찬위원회, 2001) 쇠테를 씌운 것은 많은 짐을 멀리 갖고 갈 수 있기 때문이다. 고구려에서 수레가 보편화된 물류 시스템이라는 것은 고구려가 멸망한 후 당나라로 고구려인이 끌려갈 때 수레 1,080대가 함께 징발되었다는 기록에서 알 수 있다.

고구려 벽화는 그 때 당시 국가 기간산업인 농업, 제철 산업, 물류 기구인 수레, 석제 산업 등을 신격화하여, 수신(燧神), 신농(神農), 단야신(鍛冶神), 제륜신(製輪神), 마석신(磨石神) 등 여러 문명 신의 모습을 보여 준다. 이를 통해 국가 경제를 얼마나 중시하였는지를 알 수 있다. 또 국가의 이러한 정책을 국민들에게 신격화하여 제시함으로써, 국민의 단결된 생산 체제를 이끌어 갈 수 있었을 것이며, 생산성의 극대화를 꾀할 수 있는 정신적 기틀을 제공하였을 것이다.

고구려는 기원전 37년에 건국하여 668년에 멸망하기까지 28명의 왕이 있었고 705년 동안 지속된 국가이다. 고구려는 강인한 무력의 국가이며, 정복의 역사를 갖고 있는 독특한 세계관을 갖고 있던 나라이다.

05

기술 창조의 나라,
백제

백제는 수도의 위치에 따라 한성 시대(기원전 18~475), 웅진 시대(475~538), 사비 시대(538~660), 이렇게 세 시기로 구분된다. 백제는 31명의 왕이 있었으며, 678년 간 지속한 국가이다.

백제는 여러모로 유리한 지리적 · 지형적 조건을 갖고 있었다. 백제가 위치한 서해안은 굴곡이 매우 풍부한 까닭에 육상 교통이 매우 불편한 대신 도처에 항만이 발달하여 이른 시기부터 해상 교통이 발달하였고(유원제, 2002), 중국, 일본과 활발한 해상 무역을 해 왔다.

백령도 부근 초도에서 중국 적산(赤山)까지는 불과 200km 남짓이다. 백제가 이 거리를 건너 동아시아 국제 관계의 주역으로 나서는데 300여 년이 걸렸다. 처음에는 중국인이 이 항로를 차지하고 있었기 때문에 고구려 해안을 따라 북상하는 우회로를 택해야 하는데 고구려가 방해하였다. 4세기 근초고왕(346~375) 대에 이르러 백제는 낙랑군과 대방군의 중국인을 받아들이고 배를 건조하여 직항로를 개척하였다.

전라북도 부안군 죽막동은 중요한 해상 교통로에 자리 잡고 있다. 이곳에 위치한 제사 터는 3세기 후반부터 이 지역 토착 세력인 마한 세력이 제사를 지냈던 곳이다. 4~5세기경에는 본격적으로 백제의 국가적 제사가 이루

◈ 〈백제의 도깨비〉 (116.7×91.0cm, Oil on canvas, 2019)
주: 백제는 뛰어난 솜씨로 아름다운 문양의 벽돌을 전돌로 사용하였고, 그중 우리나라 도깨비 형상의 전돌이 있다.

어졌으며, 그 형태는 항해의 안전을 위한 해신 제사였다. 죽막동 제사 유적은 고대 동아사아에 있어서 중요한 국제적 제장이 되었을 뿐만 아니라 중국과의 교섭을 목적으로 한 국제적 외교 교섭의 장이 되었다.(국립중앙박물관, 1999)

『삼국사기』(三國史記)에 의하면, 백제는 371년 처음으로 백제의 국명으로 중국과 교류를 시작하여 652년까지 중국의 동진, 송, 북위, 남제, 양, 진, 북제, 북주, 수, 당 등과 사신을 보내는 활발한 교류를 하였다. 중국 『사서』의 「동이전」에 따르면, 중국 영토에 백제 땅이 있음을 제시하였다. 백제는 자신이 다스리는 성을 '고마'라 하고 읍을 '담로'라 하였으며, 22담로를 모두 왕의 자제나 종실에게 나누어 웅거하게 하였다. 또 백제인은 풍류를 좋아하였다.

백제는 동아시아 무역에 중요한 위치를 차지하면서 중국 남조 계통 문화의 영향을 강하게 받았으며, 다원적인 문화를 창조하였다. 또 사상·의학·천문의 과학기술에서부터 말 기르기나 술 담그는 기능에 이르기까지 일본이나 신라로 수출하였다.

일본 사료에 나타난 백제인의 활동을 보면, 463년에는 백제에 기술자가 많다 하여 사람을 보내 초청하였다는 기록도 보이고, 554년에는 백제에서 역(易)박사, 역(曆)박사, 의박사, 채약사를 교대시켰고, 군 지휘자, 오경박사, 승려, 악사 등도 교대시켰다는 기록이 있다. 백제는 천문학, 의학, 약학 등의 과학 기술 핵심 부분 전문가를 보냈는데, 그들의 파견은 다른 여러 분야 전문가와 마찬가지로 일본의 요청에 따라 교환 근무를 시키기 위한 것이었음을 보여 준다.

588년에는 백제에서 사공(寺工), 노반박사, 와박사, 화공을 보냈다는 기록이 있다. 602년 백제의 승려 관륵(觀勒)이 일본에 가서 천문학, 역법, 둔갑방술의 책들을 전하였고, 일본에서는 젊은이들을 선발하여 그에게서 천문학, 역법, 둔갑방술을 배우게 하였다.

650년에는 백제의 배 2척을 만들었음이 기록되었다. 삼국 금속 기술의 상

당히 높은 수준을 보여 주는 백제의 칠지도는 일본에게 보냈다.^(박성래, 2001)

백제 근초고왕 때 『논어』 10권과 『천자문』 1권을 가지고 일본에 건너가 일본왕의 태자 토도치랑자의 스승이 되고, 왕의 요청에 의해 군신들에게 경·사^(經·史)를 가르쳤다는 왕인박사에 관한 『일본서기』와 『고사기』의 기록이 있다.

아좌태자^(阿左太子)는 일본에 건너가 머무르면서 백제 왕위에 오르지 않은 인물이며, 일본 아스카 문화를 꽃피운 쇼토쿠 태자^(聖德太子, 574~622)상을 597년 높이 1m, 너비 53.6cm의 종이에 그렸다. 이 그림은 얼마 전만 해도 1만 엔권 일본 지폐에 들어 있을 정도로 유명하였다. 양옆에 몸집이 작게 묘사된 왕자를 데리고 있는 쇼토쿠 태자의 모습에는 섬세한 필치와 담백한 색채, 인물 묘사 등 백제 회화의 특징을 잘 나타내 주고 있다.^(한국생활사박물관편찬위원회, 2001)

백제는 신라에도 기술을 전수하였다. 백제의 건축 기술자 아비지^(阿非知)는 신라 선덕왕^(?~785) 12년에 신라의 청에 의해 경주에 황룡사 구층 목탑을 장인 200여 명과 함께 착공하여 2년 만에 완공하였고, 아사달^(阿斯達)은 신라에 파견되어 다보탑을 세웠다.

이와 같이 사회 구성원의 이원성, 지역적 특성, 끊임없는 전쟁, 그리고 수도를 옮겨야 하는 국가적 위기, 중국과 일본과의 왕성한 해상 활동, 풍류를 아는 멋 등으로 인하여 백제는 다원적인 문화를 창조할 수 있었다. 또 일찍이 한자와 한문화를 받아들였으며, 불교를 적극 장려하여 불교 중심의 학술, 사상, 미술, 공예 등이 발달하였다. 특히 백제는 고급 지식인을 '오경박사^(五經博士)'라 칭하였다. 백제는 문화를 창조한 해상 왕국이고, 첨단 기술 수출국이며, 고도로 숙련된 예술성의 전문 직업인들과 박사들이 활약한 나라였다.

06

철의 하이테크,
가야

중무장한 기마 집단의 세력 집단체, 가야. 가야사의 기점에 대해서는 논란의 여지가 많다. 하지만 대체적으로 300년경 변한을 기반으로 성립되었고, 562년 대가야를 마지막으로 멸망한 260여 년의 역사를 가진 여러 세력 집단의 국가들이라고 본다.

『삼국유사』(三國遺事)에 따르면 가야는 아라(阿羅)라고도 하였고, 고령가야(지금의 함령, 지금의 함창), 대가야(지금의 고령), 성산가야(지금의 동산 혹은 벽진), 소가야(지금의 고성)이다(이민수 역, 2000). '가야(伽倻)·가라·가랑(加羅·加良)·가락(駕洛)·임나(任那)'등으로 표기되기도 하였다. 때에 따라 5가야, 6가야, 가야 7국, 포상(浦上) 8국, 임나(任那) 10국 등의 형태로 모였으며, 하나의 통일된 집권 국가를 이루지 못하였다.

가야의 영역은 일정치 않으나 대체로 동으로는 황산강(낙동강 하류), 서남으로는 남해안, 서북으로는 지리산, 동북으로는 가야산의 남쪽을 경계로 하였다.(국립김해박물관, 1998) 가야 지역을 방문하다 보면, 경주에서 본 평지의 신라 고분과 다르게 산 위에 고분이 즐비한 가야의 독특성에 놀라게 된다.

가야는 철 생산지를 확보하고 철의 대외 무역권을 장악하는 한편, 중무장한 기마병을 보유하였다. 가야 지역의 철제 갑옷은 4세기에 들어서면서 등장하기 시작하였다. 철제 갑옷은 판갑옷과 가죽 갑옷으로 나누어지는데, 판갑옷은 여러 가지 형태의 철판을 가죽 또는 못으로 고정하여 만든 갑옷이다. 가야 고분에서는 목가리개, 팔뚝가리개, 볼가리개, 어깨가리개 등이 출토되었다. 가야의 말갖춤은 처음에는 고구려에서 나중에는 백제로부터 많은 영향을 받지만 차츰 독자적인 요소로 발전한다. 가야는 실용적인 면을 중시하였으나, 신라와 백제의 영향을 받아 화려하게 장식하였고(국립중앙박물관, 2000), 말의 얼굴가리개와 말 갑옷, 말갖춤이 철로 제작되었다.

지금까지 출토된 철갑옷은 70여 벌에 이르는데, 90%가 가야 지역에서 발견되었다. 철갑옷은 가야 최고의 생산품이자 고도의 기술력을 요하는 제품이다. 이는 인체에 맞게 입체디자인 한 것으로 각 철판을 매끄럽게 연결하였다. 가야 지역에서 출토된 갑옷들은 불에 달군 쇳덩어리를 반복적으로 두드려 만든 단조품이다. 80개가 넘는 못을 사용하여 연결하였으며, 입체감을 살리기 위해 곡면을 사용한 것은 대단히 전문적인 것이다. 경상북도 경산 임당동 저습지 유적에서 나온 목제 단갑 틀을 통해 갑옷 제작에 단갑 틀이 사용되었으며, 단갑 틀이 있다는 것은 대량 생산이 가능하였음을 추정할 수 있다.(KBS, 1999)

가야가 성장한 중요한 배경은 풍부한 철 생산 체계를 갖춘 데 있다. 덩이쇠는 얇고 길쭉한 모양으로 철기 제작을 위한 원료인 동시에 화폐로도 사용되었으며, 시간이 흐름에 따라 차츰 작아지고 있다. 덩이쇠를 이용하여 철제품을 만드는 도구로는 집게, 망치, 끌, 받침모루, 숫돌 등의 단야구가 있다.

가야 토기는 굽다리 접시·목항아리·그릇 받침 등 다양한 종류의 토기와 더불어 상형 토기가 있다. 상형 토기는 말·멧돼지·거북이 등의 동물 토우와 그릇받침 등에 붙인 장식용 토우, 수레, 신발, 배, 집 등을 사실적으로 묘사하였다.(이명직, 1995)

대외 무역의 증거로는 금관가야의 유물인 청동 솥, 청동거울, 창밑꾸미개,

◐ 〈철의 하이테크, 가야〉 (72.7×60.6cm, Oil on canvas, 2020)

방패꾸미개, 청동거울 편으로 만든 목걸이, 화살촉 모양의 석제품, 방추차 모양의 석제품, 벽옥제 옥장, 호랑이 모양 띠고리 등의 외래계 유물이 출토되어 교역 활동이 활발하였음을 알 수 있다. 이 외에도 김해 지역의 무덤에서 출토된 바람개비 동기, 방추차 모양의 석기 등 일본 계통의 유물, 호랑이, 말 모양 띠고리, 청동 솥 등의 북방계 유물, 중국제 거울 등을 들 수 있다.
(국립김해박물관, 1998)

무기, 배, 철갑옷과 같이 중무장의 유물, 대외 무역을 증명하는 다양한 유물들, 덩이쇠와 미늘들의 출토, 디자인의 독창성을 보여 주는 토기 등의 가야 문화는 분명 신라나 백제에서 느껴 보지 못한 독창성, 다양성, 선진성을 보여 준다.

07

천 년의
신라

신라의 '신'(新)은 덕업(德業)이 날로 새롭다는 뜻이요, '라'(羅)라 함은 사방을 망라한다는 뜻이다.(이병도 역, 2001) 신라는 기원전 57년에 건국되어 935년에 멸망하기까지 56명의 왕이 있었고 992년 동안 지속된 천년 사직의 나라이며, 통일 신라 시기는 318년간이다.

신라는 살기 좋고 풍요로우며, 정신적인 세계를 구현하고자 불교를 도입하였다. 신라에서 불교는 단순한 종교가 아니며, 신라의 국제화에 원동력이 되었고, 높은 문화 수준을 이끌어내는 데 기여하였으며, 국민을 단결시켜 목표로 정진할 수 있는 국력으로 이어지는 정신적 지주였다.

신라와 같이 씨족제가 오래 계속되는 사회에서는 일찍부터 상부상조의 협동 정신이 강렬하여 제사(祭祀), 정치, 군사, 경제 등에 이르기까지 화합·충성의 덕을 존중하였다. 따라서 씨족원 사이에는 일족의 명예를 중히 여기는 관념이며, 일신의 희생을 아끼지 않는 용기와 기품이 있었다. 또 국토의 신지(神祇)와 군장에 대한 숭경(崇敬)의 념·쾌활·명랑·담백·강결(康潔) 등을 좋아하는 마음이 강하고 산천초목 등 수려한 자연에 대해 한없는 환희와 경건과 신비감을 가짐이 보편화되었다.

『삼국유사』에 따르면 제49대 「헌강왕」 편에서 수도부터 지방에 이르기까지 집과 담이 연하고 초가는 하나도 없었다고 기록하였다.^(이민수 역, 2002) 또 음악과 노래가 길에 끊이지 않고, 바람과 비는 사철 순조롭다 하여 경주의 모습을 짐작케 한다.

신라는 다른 나라와 달리 1,000년 동안 수도를 경주에 두었다. 신라 시대 서라벌은 경주의 본래 이름이며, 935년 고려가 신라를 합병하면서부터 경주라 하였다. 경주는 신라의 발상지이고, 주위의 산악이 방어에 유리한 위치에 있다. 태백산맥 꼬리 부분에 자리 잡고 있으며, 태백산맥 남단에서 남쪽으로 내려오는 소맥산맥과 그 남쪽으로 흐르는 낙동강으로 가로 막혀 있다. 신라는 전 방(坊, 약 160m×140m)과 리(里)로 나누는 '방리제'를 시행하였고, 사방으로 통하는 도로망, 우편역, 시장 등을 설치하였다.

'천 년 사직의 나라' 신라는 황금, 돌, 흙, 나무 등을 자유자재로 표현한 독창성과 예술성으로도 으뜸이지만, 지식인들의 활약, 천문, 의술, 도시 계획, 건축 기술 등의 첨단 기술도 보유한 나라이다. 신라 시대 대표적 유적인 석굴암은 8세기 중엽 김대성(金大城)에 의해서 조영되었다.

『동경잡기』(東京雜記)에 따르면, 632~647년에 세워진 첨성대는 관부의 동남쪽 3리 되는 곳에 있다. 첨성대는 치석한 돌로 만든 대로서, 위로 방형이고 아래는 원형이며, 높이가 19척이라 기록되어 있으나 실제 높이는 29.1척으로 그 당시 오기였다. 첨성대는 지금 남아 있는 가장 오랜 천문대 유물로서, 신라 시대 석조물 중 가장 규모가 큰 것이다.^(윤장섭, 1997)

신라의 금은 장신구는 놀라운 디자인과 뛰어난 세공 기술, 독창성 등으로 대표된다. 신라는 일찍이 금은을 장신구로 대외 무역에 이용하였다. 8세기 때에 찬술된 『일본서기』에서 일본인들은 신라를 '눈부신 금은채색의 나라' 혹은 '금은의 나라'로 묘사하였다. 12세기 아랍 사람인 알 이드리시(al-Idrīsī, 1100~1165)는 『천애횡단갈망자(天涯橫斷渴望者)의 산책(散策)』에서 이전의 저서를 인용하여 '신라에는 금이 너무나 흔하다'라고 기술하였다.

○ 〈천 년의 신라〉 (162.0×130.3cm, Oil on canvas, 2020)

신라의 물류 시스템은 고구려와 같았다. 해발 325m의 정상에 있는 삼년산성은 1980년 7월에 큰비가 내려 성벽이 무너지면서 성문에 사용하였던 받침대가 드러났다. 문지방석에는 닳고 닳은 큰 마차바퀴 자국이 나타나 있다. (차용걸 외, 2002) 이로부터 신라가 바다에서 선박으로, 육지에서는 수레를 통해 물류를 운반하였고, 편평한 지형은 물론 높은 곳까지도 수레 사용이 보편화되었음을 알 수 있다.

신라의 유물에서 발견된 서역 교역품은 중앙아시아를 넘어 이슬람 세계와의 활발한 교류를 짐작케 하고, 남아시아와 지중해 주변 서아시아에서 출토된 로마 유리 제품이 실크로드를 통하여 신라에 전해졌을 가능성이 크다. 신라는 고구려·백제·가야뿐만 아니라 삼연(三燕), 북위(北魏)의 중국 왕조와 바다 건너 왜국과도 활발하게 교류하였다. 일본의 정창원에 보관된 신라 수출품을 통해 신라는 브랜드화한 명품을 수출하였을 뿐만 아니라, 세트 개념으로 상품 단위를 포장하였음을 알 수 있다.

신라는 청해진 대사이며 해상왕이자 무역왕인 장보고(?~ 846)가 활약한 나라이다. 1,200년 전에 장보고는 지금의 완도에 청해진을 세웠다. 청해진은 중국으로 가는 배와 일본으로 향하는 배들이 반드시 거쳐 가야 하는 곳이다. 완도 앞의 장도에는 부두에 접안되는 화물들을 운반하는 데 이용할 수 있는 유적으로 관측소, 건물을 세웠던 주춧돌, 우물, 사당, 토성 등이 남아 있다.

신라는 노동력의 증진을 위해 다산을 장려하였다. 신라에는 노동력 분석을 위한 인구 조사를 매우 철저히 실시하였다. 촌 전반에 관한 사항은 현재 촌의 인구수를 연령별로 기록하고, 말과 소, 논과 밭, 유실수의 숫자를 기록하였으며, 끝으로 감소된 인구수와 말과 소의 수를 적고 있다. 이 가운데 인구에 대한 기록은 매우 상세하다. 인구를 연령별로 등급을 지워 미성년자인 경우는 '소자·소녀·추여자, 조자·조여자'로 분류하였고, 부역을 면제받을 나이가 된 사람을 '제공·제모', 나이가 많은 노인은 '노공·노모'로 구분하였다.(한국역사연구회, 2000)

　신라는 고급 인력 양성에 매진하였고, 국비로 유학을 보냈다. 신문왕 2년에 교육 기관인 국학(國學)을 세워 경 1명, 박사, 조교, 대사 2명, 사 4명을 두어 15~30세의 귀족 자제를 입학 대상으로 9년 동안 가르쳤다. 국학은 국가 관리를 양성하는 곳으로 졸업 후 관리가 되며 제6관등인 아찬 이상으로 진출할 수 있었다. 이즈음 당나라에 유학이 활발하여 840년 같은 날 귀국하는 유학생이 105인이라는 기록이 있다. 당나라에서 외국의 유학생들에게만 실시했던 특수한 과거인 빈공과에 합격한 신라 학생이 820~906년 사이에만 58명에 달했다고 한다.(이병도 역주, 2001)

　천 년의 사직 신라는 노동력 확보를 위한 다산 정책과 인구 조사를 실시하고, 고급 인력 양성을 위한 국비 유학 제도와 대량 생산 시스템을 운영하였으며, 상표를 붙여 명품을 수출한 눈부신 황금의 나라였다. 신라는 지상의 극락정토를 구현하고자 한 이상을 꿈꾸는 나라였으며, 국제 도시 경주가 있고, 국제 무역항 청해진이 있는 나라이다.

08

국제 물류의 중심,
발해

조선 정조 때 유득공(柳得恭, 1748~1807)은 37세에 『발해고(渤海考)』를 저술하였다. 박제가(朴齊家, 1750~1805)는 『발해고』 서문에서 다음과 같이 한탄한다.

"고려 왕씨가 삼한을 통합하였다지만, 압록강을 끝내 한 발자국도 넘어서지 못하였으니, 산천의 할거와 득실에 관한 자취를 대체로 여기서 찾아 볼 수가 있다. 우리나라 선비들은 신라 영토 안에서 태어나 그 바깥의 일에 대해서는 눈과 귀를 틀어막아 버리고, 또한 한나라와 당나라, 송나라, 명나라의 흥망과 전쟁에 관한 일도 알지 못하니, 어찌 발해의 역사를 알 수 있겠느냐?"(송기호 역, 1999)

또 유득공은 서문에서 발해 이후 후손들의 잘못을 다음과 같이 엄히 지적하고 있다.

"무릇 대씨는 누구인가? 바로 고구려 사람이다. 그가 소유한 땅은 누구의 땅인가? 바로 고구려 땅으로 동쪽과 서쪽과 북쪽을 개척하여 이보다 더 넓혔던 것이다. 김씨가 망하고 대씨가 망한 뒤에 왕씨가 이를 통합하여 고려라 하였는데, 그 남쪽으로 김씨의 땅을 온전히 소유하게 되었지만, 그 북쪽으로는 대씨의 땅을 모두 소유하지 못하여, 그 나머지가 여진족에 들어가게 하고 거란족에 들어가기도 하였다."(송기호 역, 1999)

신라가 삼국을 통일할 무렵, 고구려의 옛 땅에서는 고구려 부흥 운동이 계속되었다. 요동 지방을 중심으로 고구려인들은 당에 대한 저항 운동을 계속하였으며, 당의 민족 분열 정책으로 인하여 고구려 장군 출신 대조영은 698년 고구려 유민들을 이끌고 길림성 동모산을 중심으로 발해를 건국하기에 이르렀다. 발해는 926년 거란족에 멸망하기까지 228년간 지속되었다. 부여·옥저·변한 등 10여 개국을 정복하였으며, 인접 국가인 당, 신라, 거란과 전쟁을 벌였다.

발해는 황제가 있는 독립된 국가이며, 불교의 영향을 받았고, 고구려 유민과 말갈족으로 구성된 사회이지만 고구려 양식을 채택한 유적이나 유물이 확인되었으며, 역대 왕이 고구려 정신을 이어 나간 흔적이 발견되었다.

발해는 오늘날의 행정 구역으로 보자면, 함경도, 평안도, 길림성, 연해주의 대부분과 흑룡강성, 요령성의 3분의 1 정도를 포괄하여 우리 역사상 최대의 국토를 가진 나라로서 한반도의 2~3배, 통일 신라의 4~5배, 고구려의 1.5~2배 정도 넓었으며, 전성기에는 사방 5,000리에 이른다 하였다.(서울대학교박물관·동경대학교 문학부, 2003)

발해는 5경을 중심으로 국제 무역로를 확보하였다. 발해에는 외국으로 통하는 5개의 주요 교통로가 있었으며, 그중 하나가 일본도(日本道)이기도 하고 신라도(新羅道)이기도 한 중국 혼춘에 있는 동경용원부(東京龍原府)이다. 발해는 일본과 빈번히 왕래하였는데, 발해에서는 일본에 35차례, 일본에서는 발해에 13차례 사신을 보냈다. 사신 규모가 보통 105명 정도였다.(송기호, 2000)

발해의 특산품이나 교역품은 매우 다양하였다. 발해의 특산품은『신당서』에 잘 기록되어 있는데,「발해편」을 보면, 태백산의 토끼, 남해의 다시마, 책성의 된장, 부여의 노루, 막힐의 돼지, 솔빈의 말, 현주의 베, 옥주의 솜, 용주의 명주, 위성의 철, 노성의 벼, 미타호의 가자미가 있고, 과일로는 구도의 오얏, 낙유의 배가 있다고 하였다.『발해고』에서는 부주의 은을 첨가

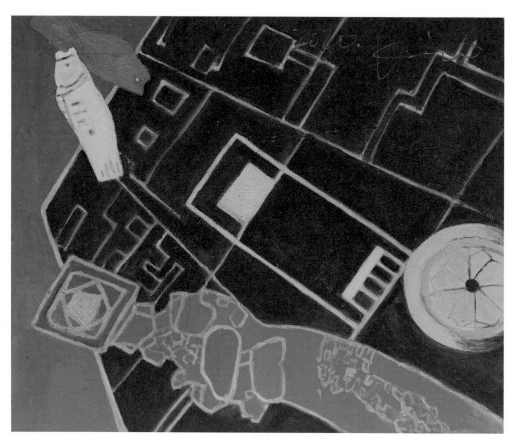

◐ 〈국제 물류의 첨단국, 발해〉 (60.0×50.0cm, Oil on canvas, 2020)

044

하였다.(국사편찬위원회, 1996) 또 발해의 자기는 무게가 가볍고 광택이 있으며, 그 종류나 크기, 형태, 색깔 등이 매우 다양하였다. 같은 시대 여러 나라의 도자기 공예보다 독특하게 발전하여(교육부, 1996), 당나라 사신이 발해 물품 중 '보기(寶器)'라 칭할 정도였다.

발해의 말 역시 매우 유명하였고, 발해 13부의 하나인 솔빈부(率賓府)에서 기른 말은 발해 명산물의 하나로 꼽혔다. 명마와 함께 담비 가죽도 유명하였는데, 발해는 중국이나 일본과 교역하던 주요 물품이 담비 가죽이었다. 일본의 나라 국립문화재연구소에는 평성궁에서 출토된 귀족이 글씨 연습한 것처럼 보이는 목간이 있는데, 이 목간에는 발해 사신과 교역이라는 글씨가 반복해서 쓰여 있고 초피라는 글씨가 보인다. 초피는 곧 담비 가죽으로, 발해에서는 초피 교역을 위하여 일본에 온 것이다.(송기호, 2000)

발해는 최고 교육 기관인 '주자감'과 관리들의 비위를 감찰하는 기구인 '중정대'를 두었다. 문헌에 따르면, 당에 학생을 파견하였다는 기록이 3군데 나타났다. 714년 발해 학생 6인과 신라 학생 7인이 당의 국자감에 입학하였고, 833년 학생 3명 파견을 다른 학생 3명으로 교체하였으며, 837년에는 발해 왕자가 학생 16명을 동행하였다고 하였다. 당나라에서는 외국 유학생을 위하여 빈공과의 과거를 실시하였는데, 여기에 합격한 발해인이 10명에 가까운 것으로 추산된다. 고다불은 일본의 월주국에 가서 학생들에게 발해어를 가르쳤다는 기록이 있다.(국사편찬위원회, 1996)

치마나 기둥의 장식 등에 유약을 발랐던 흔적이 남아 있는 것으로 보아, 발해의 경제력과 문화 수준이 매우 뛰어났음을 알 수 있다. 당나라는 발해를 바다 동쪽의 융성한 나라라는 뜻에서 '해동성국(海東盛國)'이라고 부르기도 하였다. 그러나 오늘날에도 발해에 대한 연구가 충분히 이루어지지 못하였기에 그 답답함은 유득공과 박제가의 한탄과 다를 바 없다.

09

격동의 대외 환경에서
빛을 발한 고려의 국력

시대적으로 보건대, 고려 시대는 중국이 8차례나 왕조가 바뀌는 역동적인 시대였고, 1,000년을 두고 가장 위대한 인물로 꼽히는 칭기스칸(Chingis Khan, 1162~1227)이 유라시아를 정복하는 시기였으며, 북방의 혼란으로 인한 홍건적의 창궐과 왜의 침입이 빈번한 시기였다. 고려는 6차에 걸쳐 침입한 몽골군에 맞서 30여 년 동안 항전을 벌였고, 원나라 지배를 받은지 80년이 지난 후 공민왕이 반원 개혁 정치를 펴기 시작하여 100여 년간의 원나라 지배에서 완전히 벗어났다. 그 당시 몽골에 맞서 항전한 국가들을 보면, 항전한 기간이 고려보다 짧았고 결국 멸망하였다.

이처럼 고려는 몽골군에 장기간 끈질기게 대항하였고, 국가를 보존하였다. 당시 국가로서는 대단한 국력을 가진 것이었으며, 강인한 기상과 국가를 지키고자 하는 불굴의 의지가 있었다. 고려는 918년에 건국되어 1392년에 멸망하기까지 34대 왕이 있었고 474년간 지속된 국가이다.

또 고려는 왕이 신하에 의해 죽임을 당하거나, 강제로 폐위(목종, 예종, 명종, 희종, 성종, 충목왕, 충정왕, 공민왕, 우왕, 창왕, 공양왕)당하고, 무신 집권기에는 왕을 협박하는 일이 빈번하였다. 그리고 말기에는 원나라에 의해 왕위 계승권이 좌지우지(충렬왕, 충선왕, 충숙왕, 충혜왕, 충목왕)되는 등 파란이 많았다. 고려 전기에는 최충헌 등 무신 정권기 무신들의 횡포가 이어졌으며, 후기에는 원나라의 수탈이 무자비하게 이루어졌는데, 철, 금, 은, 인삼, 비단, 베, 모시, 수달피, 병기, 군사, 여자 등에 이르기까지 광범위하였다.

그러나 고려는 우리 역사상 처음으로 통일 국가를 이루었다. 원나라의 지배를 받기 전까지 외침을 막아 내면서 정치적·경제적으로 안정기와 발전기를 거쳤고, 한편으로 학문을 중시하고 기술을 고도로 발전시켰다. 고려는 불교 국가로서 국민들에게 내면의 정신적 지주를 제공하고, 유교의 이념으로 실천적이며 윤리와 도덕을 확립시키면서 창조적 활동에 매진할 수 있는 풍토가 이루어졌다. 또 인력 양성과 배치의 중요성에 입각하여 국가 운영에 따른 더 발전적이고 우수한 생산 활동을 지원하였다. 이러한 여러 요인은 국력을 신장시켰으며, 대외적으로 고려를 크게 알리는 데 이바지하였다.

『고려사』(高麗史) 열전에 제시된 정치·관료·행정에 특출한 인물들의 평에는 반드시 인재 양성에 적합한 학문 겸비, 과거 시험의 공평성, 인재 등용의 합리성, 등용된 인재의 질 등에 대한 공로가 있음을 기록할 정도여서 고려의 인재 양성과 평가 제도의 운영은 국가의 각별한 중요 사안이었음을 알 수 있다. 또 역대 왕들은 인재 등용이 국가적 관건임을 누누이 지적하였다.

고려 시대에는 불교와 유교에는 못 미치지만 도교와 풍수지리, 도참사상(圖讖思想) 등도 유행하였다. 1275년 원나라에 들어와 궁중 생활을 한 마르코 폴로(Marco Polo, 1254~1324)는 17년간 원나라의 여러 관직에 머무르면서 중국 각지를 여행하였고, 『동방견문록』(東方見聞錄)을 저술하여 우리나라를 '꼬레아'(Corea)로 소개하였다. (이이화, 1999)

고려는 교역의 나라였다. 조공 형태의 무역 대상국은 18개국으로 서역에서부터 일본에 이르기까지이며, 두 방면의 뱃길이 열려 상인들의 빈번한 왕래를 하였다. 당시 고려는 전국에 525개의 역이 있고, 이 역들은 22역도(驛道)로 묶여 있었다. 고려는 22개의 조세미와 공물을 거두어들이는 조운 체계를 구축함으로써 항해술이 더욱 발전하였다.

고려는 고도의 기술을 추구한 나라였다. 고려는 육지와 바다에서의 끊임없는 전쟁으로 인하여 주조 기술이 발달하고 무기가 개발되었으며, 태풍에도 견딜 수 있는 다양한 배를 잘 건조하였다. 고려 말에는 여러 가지 화학 무기를 만들어 배에 장착하였으며, 큰 전과를 올렸다.

목판 제작 기술의 창조성과 첨단성, 그리고 신품(神品)의 공예품이라 절찬을 받고 있는『팔만대장경』은 1995년 유네스코 지정 세계문화유산으로 등록되었다. 대장경에 수록된 불경의 종류는 1,497종이다. 경판 전체에 새겨진 글자 수는 5,233만여 자이다. 이것은 200자 원고지로 환산하면 25만 장이 넘으며 오백년간 조선 왕조의 역사를 기록한 역대 왕조실록의 글자 수와 맞먹는다.(이이화, 2001)

1972년 프랑스 파리에서는 유네스코(UNESCO, 유엔교육과학문화기구)의 주최 하에 '국제 도서의 해' 행사의 일환으로서 '책의 역사' 종합전람회가 열렸다. 이 전람회에서는 우리나라의 불경책으로 우왕 3년(1377)에 발간된『백운화상초록불조직지심체요절』(白雲和尚抄錄佛祖直指心體要節), 즉『직지심경』(直指心經)의 하권이 전시되어 세계 최초의 금속 활자 인쇄본으로 인정되었다. 인쇄는 종이와 묵이 중요한데, 고려의 종이는 아름답고 질기며 다양하기로 유명하였고, 송연묵(松煙墨)은 중국에서도 호평을 받았다.

고려 도공은 신비롭고 우아한 비취색의 청자를 구워낸 '흙과 불'의 마술사이다. 신비한 비색을 낼 수 있는 유약의 제조에는 고려 도자기공들의 지혜와 재능, 꾸준한 탐구의 노력이 깃들어 있다.

모양이 바르고 글자가 뚜렷한 해동통보의 주조, 세계 최고의 금속 활자 인쇄술, 세계 문화유산인 '팔만대장경' 등을 뒷받침할 수 있었던 것은 고려의 놀라울 정도로 매우 정교한 합금, 주조, 단조 기술에 그 바탕을 두고 있다. 이는 청동기 시대부터 이어져 내려온 삼국 및 통일 신라의 금속 공장(工匠)들

을 거쳐 고려인에게 물려준 창조적 전통이었다.^(전상운, 2001)

　고려는 항쟁과 교섭의 역동적인 대외 여건에서 정치 세력의 변화로 인한 다양한 사회 구조를 갖고 있음에도 불구하고, 교육 개혁을 단행하고 고용에 대한 엄격성을 적용하였다. 고려는 도로망과 해운업을 발달시켰고, 고도의 기술이 발달하였으며, 우아하고 화려한 수준의 상품을 교역하였다. 또 나라를 지키기 위한 '팔만대장경'을 만들고 세계 최초 금속 활자를 발명하였으며, 고려청자가 있는 국가였다.

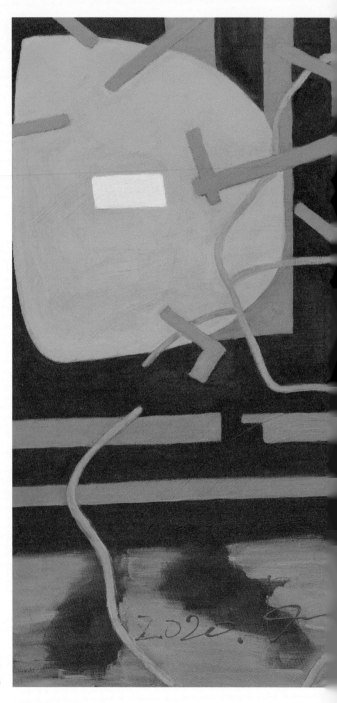

〈대외 무역 강국, 고려〉
(72.7×91.0cm, Oil on canvas, 2020) ✪

051

10

기록의 역사 그리고
선비의 나라, 조선

　조선은 멸망 50년 전부터 근대 사회로의 전환이란 대변혁의 격동 그 자체의 역사를 갖고 있으나 그 이전의 460여 년간은 왕조로서 합리성과 도덕성을 추구 학문을 중시한 선비의 나라였으며, 27명의 왕이 승계하면서 519년(1392~1910)간 지속된 국가이다.

　조선이라는 말의 어원은 '동방'과 '광명'이라는 뜻이 있어 땅이 동쪽에 있어 해 뜨는 곳, 또는 아침의 나라라는 의미인데, 이는 다른 나라에 모범이 되어야 한다는 의미이기도 하다. 그러므로 조선은 논리적이고 합리성을 추구하고자 노력하였으며, 그 결과 문화 중흥 시대를 거쳐 변질되다가 다시 문화 중흥 시대를 맞이하였다. 조선 역대 왕들은 신문고(태종), 주자소 설치(태종), 훈민정음 창제(세종), 집현전 설치(세종), 호패법(세조), 경국대전(세조), 대동법(선조), 탕평책(영조), 규장각 설치(정조) 같은 우수한 정책을 개발하였다.

　조선은 왕의 독재 견제 장치를 구축한 합리적 왕권주의 국가였다.

　첫째, 사간원과 같은 국왕에 대한 간쟁(諫諍)과 논박(論駁)을 담당한 관청이 있었다.

　둘째, 국왕은 재상(宰相)을 임명하고 재상과 정사를 협의하였으며, 정책 결정에서도 재가하는 권한만을 가졌다.

셋째, 의정부 재상과 홍문관과 승정원의 고관이 모여 국왕과 함께 경사(經史)를 읽으면서 정책을 토론하는 경연(經筵) 제도를 두어 국왕의 독재를 견제하였다.

조선을 가장 대변하는 것은 '기록' 문화이다. 이 기록은 방대하기 짝이 없으면서도 사실적이며, 객관성을 유지하기 위해 엄격한 시스템을 운영하였다. 또 기록을 보관하기 위하여 사고(史庫)를 만들어서 오늘날에도 온전한 기록들을 볼 수 있게 하였다. 우리나라 세계 기록 유산으로 지정된 조선 시대 기록은 『훈민정음』, 『조선왕조실록』, 『승정원일기』, 『조선왕조의궤』, 『동의보감』, 『일성록』, 『난중일기』 등이다. 이중 의궤(儀軌)는 국가에서 중요한 행사가 있을 때 그 과정을 기록과 그림으로 남긴 보고서 형식의 세상에서 가장 아름다운 책이다.

조선은 우리나라의 문화 중흥 시대를 가져왔으며, 민족 문화사상 가장 큰 업적인 훈민정음 창제가 대표적이다. 조선 개국 이래 역대 왕들이 문치(文治)에 힘을 쓰고 유학(儒學)을 장려하여 우수한 학자가 많이 배출되었으며, 유림(儒林)의 집단이 다양하게 구성되었다. 성리학을 지도 이념으로 하였던 조선은 왜란과 호란을 거치면서 그 지도 이념의 한계성, 자기 전통에 대한 반성과 극복의 길이 모색되어 실학(實學)이 나타났으며, 이는 사회 개혁 사상이다.

조선 역사에서 화성 건설은 우리나라 문화 중흥 시대를 구가하고 변혁을 꾀한 일대 국가적 사업이며 문화 중흥의 결정체로, 이상적인 꿈의 건설이었다. 정조 대왕의 꿈은 화성 주민들이 '집집마다 부유하고 사람마다 희락하는' 낙원의 도시를 만드는 것이었다.

조선 시대는 양반 문화와 대중문화가 있었으며, 대중문화는 대중과 사대부·양반층 사이에 있을 수 있던 긴장과 괴리감을 완화시켜 주는 기능을 하였다. 조선은 초기부터 유교주의 국가 이념을 바탕으로 교육 기관을 증설하고 교육의 기회를 확대시켰다.

교육 기관은 중앙에 국립대학인 성균관(成均館), 중등교육을 위해 서울에 '4부 학당(學堂)', 지방에 '향교(鄕校)'를 설치하였다. 이후 사립 교육 기관으로 서원이 만들어졌고, 초등 교육 기관에는 서당이 있다.

조선 시대의 인력 수급 조절 방법은 현대에 비하여 조금도 손색이 없다. 인력이 남으면 신규 채용을 금하고, 모자라면 사장(私匠)으로 충원하였다. 현대에 와서도 인력 수급 조절 방법 중 하나로 사용하고 있는 교대제를 통해 조절하는 방법, 직업훈련을 실시하여 직무 수준을 유지되도록 하는 방법도 적용하였다.

조선에서는 태종과 세종 대인 15세기 전반에 들어서면서부터 한국 과학사에서 그 유례가 드문 황금 시대를 이루었다.(전상운, 1975) 정확한 역법(曆法)을 가지고 있다는 것은 천체 현상의 법칙성을 정확히 파악한다는 것이다. 조선은 칠정산(七政算) 내외편의 완성으로 행성의 움직임을 작은 단위까지 정확하게 기록할 수 있게 되었다. 그 당시 전 세계에서 일식을 자기 기준에 맞춰 예보할 수 있는 곳은 중국, 아라비아 그리고 우리나라뿐이었다.(KBS, 2001)

조선 왕조는 고려 말엽부터 창궐하는 왜를 소탕하기 위하여 개국 초부터 수군의 장비를 확충하여 군선이 태종 대에 600여 대, 세종 대에는 800여 대가 넘었다.

조선 시대에는 민생의 안정과 보호를 주안점으로 하여 행정상 또는 국방상 필요한 곳에 읍성을 만들었으며, 작전상 유리한 곳에 외침에 대비하여 산성을 만들었다. 성곽의 형태는 내성 및 외성으로 된 것과 읍성이 평면형인 완산부(전주)와 같은 형태, 청주목과 같은 불규칙형인 것이 있으며 북한산성, 남한산성 등이 대표적이다.(윤장섭, 1997)

최상품 백자는 바탕의 흙 입자가 곱고 밀도가 강한 백토에 파르스름한 투명유를 입혀 만들었다. 세종 대에는 중국 왕실의 요구가 있었을 정도로 매우 정교하였으며, 세조 대에는 서민들도 백자를 사용하기에 이르렀다.

조선 시대에는 지배 계층인 양반은 아니지만 양민이나 상인보다는 우위에 있는 중간 신분층으로서 '중인(中人)'이라는 독특한 신분층이 있었다. 중인은 자기 능력과 자기 의지에 의하여 성취되고 획득되는 계급이고, 그들끼리의 사회관계와 사회의식, 양반 관료와 일반 백성과의 관계를 유지하였다(연세대학교 국학연구원편, 2001). 이들은 전문 지식을 요하는 외교관, 의사, 법관, 천문학자, 수학자, 지리학자 등이 있으며, 예술가인 화가, 음악가, 무용가 등과 행정 사무를 보는 직도 포함된다.

기록을 통해 투명성을 추구하였고, 세계 최고의 한글을 창제하였으며, 통계를 바탕으로 한 인력 관리, 다양한 학문의 접근으로 근대 지향의 실학 도입에 힘쓰는 한편, 이상적 신도시를 건설하고, 첨단 조선 과학 기술과 산업 및 지식 산업을 육성하며, 언론을 창달하고 독재를 견제할 제도적 장치를 갖춘 나라, 조선! 조선에는 세종 대왕과 정조 대왕, 이순신 장군 그리고 퇴계 선생이 있다.

2020. 12

056

◉ 〈품격의 왕국, 조선〉 (80.3×116.7cm, Oil on canvas, 2020)

11

개항과 독립운동의
근대

운현궁(서울시 종로구 운니동 소재)은 절제된 검은색과 흰색의 준엄한 양반집을 보여 주며, 규모는 작지만 궁궐에서나 볼 수 있는 양식들이 있다. 운현궁은 흥선 대원군(興宣大院君, 1820~1898)의 사저였으며, 그의 아들인 조선 26대 임금 고종의 잠저(潛邸)이다. 흥선 대원군이 사랑채로 쓴 노안당(老安堂)은 그 시절 근대 정책의 산실이었다. 운현궁은 조선 말기 역사적 사건들 대부분이 시작된 곳이며, 수많은 개혁 정책과 쇄국 정책이 시행된 곳이다. 운현궁이 당시 2만여 평에 달하였다 하니 그 세를 짐작할 수 있다. 우리나라 근대사의 정점에는 흥선 대원군, 고종 황제(1852~1919), 명성 황후(1851~1895)가 있다.

흥선 대원군은 통치 구조를 개편하고 쇄국 양이 정책을 강력하게 추진하였다. 정치 기구를 재정비하여 군사와 정부를 분리시켰으며, 군포를 양민에게 징수하는 호포법을 실시하고 환곡제를 사창제(社倉制)로 개혁하여 농민의 부담을 경감시켰다. 그리고 600여 개의 서원을 철폐하여 47개소만 남겼고, 왕실의 위엄을 과시하기 위해 경복궁을 다시 지었다. 또 천주교를 탄압하여 프랑스 신부 9명과 수천 명의 신도를 처형하였다.

2,000년 전에 고구려는 예속되지 않은 호방한 역사를 갖고 있었고, 백제는 선진국으로 일본을 가르쳤으며, 신라는 외국과 물물을 활발히 교역하였다.

⬢ 〈속박과 고통〉 (53.0×72.7cm, Mixed media on canvas, 2013)

○ 〈도전과 희망〉 (72.7×60.6cm, Oil on canvas, 2004)

이런 역사였지만, 1,500년이 지난 조선에 이르러 외국 배들이 우리 영역을 침범해도 속수무책이었다. 우리나라에 외국 배가 처음 나타난 것은 1832년(순조 32년)이며 1876년(고종 13년) 개항하기까지 44년이 소요되었다. 1866년에는 뼈아픈 역사적 사건이 일어났는데, 외국 배가 연안을 16차례나 침범하였고 병인양요(丙寅洋擾)가 시작되었다.

1866년 프랑스군이 강화도를 침범하여 사고(史考)에 있던 많은 문화재와 의궤를 약탈하였다. 의궤 반환을 위하여 우리나라 고속철도는 1994년에 프랑스 알스톰사의 테제베(TGV)로 차종을 확정하고 차량 도입 계약을 체결할 정도였다. 재불 사학자인 박병선 박사(1929~2011)는 10년 동안 297권 의궤의 목록과 내용을 정리하고 의궤 반환 운동을 시작하였다. 각고의 노력 끝에 2011년 5월 외규장각 의궤는 영구대여 형태로 한국으로 반환되었다. 이때 박병선 박사는 '내가 의궤라면 돌아올 때 대성통곡을 했을 것'이라 하였고, 그해 11월 타계하였다.

1863년부터 고종 즉위 이후 10년간, 대원군이 하야하고 명성 황후가 정치 전면에 나섬으로써 역사의 대세는 개국 통상 쪽으로 기울었다. 제국주의 열강의 침입으로 반(半)식민지로 전락하였던 개항기(1876~1910)의 불평등 조약 체제 하에서 이루어진 대외 무역은 조선의 사회·경제를 점차 반(半)식민지적으로 재편해 갔다.

그 이후 우리나라는 일제 강점기 동안 민족의 정통성과 역사 단절을 맞이하였고, 극도의 탄압, 한국 민족 말살 정책, 제약과 속박 등에 대항하였다. 이러한 움직임은 농촌 계몽 운동, 민립 대학 설립 운동, 조선 물산 장려 운동, 여성 운동 등으로 나타났고, 민족 문화를 보존하고 발전시키고자 모두가 힘을 합쳐 노력하였다. 이 와중에 언론의 탄압, 민족계 기업의 소멸, 전통적 수공업과 농촌 경제의 붕괴를 경험하였다. 당시 역사 연표를 보면, 한 해가 차지하는 비율이 다른 어느 시대보다 폭주하고 있어 근대화에 얼마나 격변

기였는지를 실감하게 된다. 근대화는 우리나라 사회 전반에 걸쳐 모든 면에서 최초로 출발점이 되었으며, 공업화의 발달을 가져왔다.

광복 후 우리 민족은 일제 지배에서 벗어나 외국과 직접 교류하게 됨으로써 정치·경제·사회·문화의 각 분야에서 새로운 발전의 계기를 마련하게 되었다.

일제 강점기에 독립운동은 주로 비밀 결사 형태로 전개되었으나, 만주로 이동하여 무장 투쟁을 전개하였다. 많은 독립운동가들이 만주와 연해주 일대로 넘어가 독립운동을 지속하였다. 의병과 독립군은 무장 투쟁을 하였고, 국내에서는 애국 계몽, 경제적 구축, 민족 문화 수호 등의 운동이 전개되었으며, 농민, 학생, 소년, 여성들도 참여하였다. 이와 같이 목숨을 두려워하지 않았던 독립지사들의 뜨거운 피가 있었기에 오늘의 대한민국이 있다.

12

4차 산업 혁명과
현대

남한과 북한에 각각의 정부가 수립된 이후, 우리 민족은 6·25 전쟁이라는 동족상잔의 비극을 다시 겪게 되었다. 그 결과 수많은 공장이 파괴되었기 때문에, 1950년대에는 전후(戰後) 복구 사업만으로도 벅차서 자립 경제의 기반을 구축하는 일은 역부족이었다.

1960년대부터 우리 정부는 '경제 개발 5개년 계획'을 실행에 옮겼고, 거기에 필요한 인력 양성에 매진하였다. 우리나라는 1960년대 의류, 신발, 가방 등 노동 집약적 경공업 위주에서 1970년대 중반 이후부터 철강, 화학, 비철 금속, 전자, 조선, 기계 등 자본 집약적 산업으로 바뀌었다.

1980년대에는 사회적으로는 5·18 민주화 운동이 일어났고, 경제적으로는 중화학 공업에서 전자 산업 중심의 기술 집약적 산업 구조로 고도화하였다. 1988년에는 우리나라 최초로 서울 올림픽을 개최하였다.

1990년대에 들어서면 동일 산업 내에서 표준화된 제품에서 벗어나 첨단 기술을 응용한 차별화 제품을 생산·수출하여 제조업 비중이 크게 높아졌고, 조선, 철강, 자동차, 전자 등 중화학 공업에서 세계 4~6위로 발전하였다. 1996년에는 선진국 간 경제 그룹인 경제 협력 개발 기구(OECD)에 가입하였다. 그러나 1990년대 말에는 대량 실업과 외환 위기가 있었고, 2000년대는 사이버와 인간이 공존하는 시대로 들어가 지식 기반 산업으로서의 이행을 서두르게 되었다.

2010년부터 고령화 사회와 일자리 감소, 빈번한 세계 금융 위기를 맞이하였으며, 2016~2017년 사이에 정권 타도를 위한 촛불 집회가 있었다. 2016년 스위스 다보스에서 열린 세계 경제 포럼(WEF: World Economic Forum) 주제는 '4차 산업 혁명'이었다. 4차 산업 혁명은 인공 지능(AI)에 의해 자동화와 연결성이 극대화되는 산업 환경의 변화를 의미하며, 기존의 사업 영역을 과감히 파괴하며 새로운 비즈니스 모델을 만드는 것이다.

2020년에 들어와서 발생된 코로나19 바이러스 사태는 전 세계를 강타하는 중이다. 단 한 번에, 그것도 매우 빠른 속도로 전 세계의 판을 뒤집는 사건이다.

이와 같이 대한민국 정부 수립 이후를 조망해 보면, 우리나라는 10년마다 변혁기를 맞이하였다. 2000년에 들어와서는 이제까지의 틀이 아닌 다른 변화를 꾀하면서 함께 그동안 쌓였던 많은 사회적 문제들이 노정되었다. 2020년에는 전혀 예상하지 못한 바이러스의 공격과 오존층 파괴로 인한 기후 변화에 의해 유례없이 두 달 동안 지속된 긴 장마와 여러 번의 태풍 등 재해가 일어난 것도 특이한 변화이다.

돌이켜 보면, 정부 수립 이후 70여 년 동안에는 10년마다 겪게 되는 변화에 적응하는 데 큰 어려움이 없었다. 그러나 2000년대부터는 상황이 달라졌다. 이전까지의 틀로는 감당이 되지 않는 충격이 채 가시기도 전에 또 다른 예상치 못한 틀이 다가오는 그런 시대가 된 것이다.

이 같은 사회적 변혁으로 인하여 우리나라는 다양한 가치의 모든 세대가 공존한다. 현재 1950년대 이전 태어난 세대는 우리나라 경제 개발에 참여한 근면성과 투철한 목표 의식으로 중무장한 세대이자, 유교에 바탕을 둔 가부장 제도에 노정된 집단이다. 이들은 우리나라 경제의 기반을 조성하겠다는

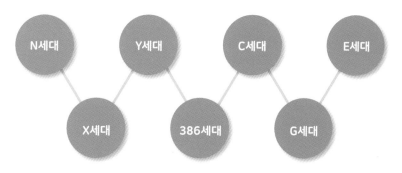

다양한 가치의 모든 세대가 공존하는 시대

자세로 각자의 자리에서 최선을 다하였다.

1950~1960년대에 태어난 베이비붐 세대는 부모 세대의 근면성을 이어 받은 경제 발전의 주역이었다. 그러나 최근에는 주된 일자리에서 계속 물러나고 있는 상황이다.

386세대는 1990년대 기준으로 '나이 30대, 80년대 학번, 60년대 출생자'들을 가리킨다. 1990년대 들어 개인용 컴퓨터와 인터넷이 널리 보급되자, 정치·사회에 활발히 진출하며 변화를 선도한 30대들에게 그 당시 컴퓨터 중 최신 사양이었던 '386'의 이름을 붙인 것이다.

1965~1976년에 태어난 X세대는 부모 세대가 이해하기 어려운 사고와 행동 양식을 갖고 기성세대와는 확연히 구별되는 세대이다.

1977~1997년 사이에 태어난 세대를 '베이비붐 에코 세대' 또는 'N세대'라고 한다. N세대는 디지털 기술과 함께 성장해서 디지털 기기를 능숙하게 다룰 줄 아는 디지털 문명 세대이다.

Y세대는 베이비붐 세대가 낳은 2세들을 일컫는 말이다. 컴퓨터를 자유자재로 다루는 10세 전후의 어린이들로 다른 나라 문화나 다른 인종에 대한 거부감도 적다.

C세대는 컴퓨터의 보급으로 사이버(Cyber)에 익숙해진 신세대를 가리키는 말이다. 컴퓨터(computer) 사이버(cyber)세대를 의미하며 기존 질서로부터 변화를 요구하는 세대를 가리킨다.

G세대는 '푸른색'(green)과 '세계화'(global)의 영어 머리글자에서 따온 말이다. 1986년 서울 아시안게임과 1988년 서울 올림픽 전후에 태어나 글로벌 마인드와 외국어 구사 능력으로 무장하고 자란 글로벌 세대로서 건강하고 적극적이며 세계화한 미래 지향적인 젊은 세대를 의미한다.

E세대는 '기업가'(enterpriser)의 머리글자로, 스스로 사업체를 일으켜 경영인이 되고 싶어 하는 사람들을 지칭한다.

이와 같이 다양한 세대가 공존할 수 있게 된 것은 100세를 구가하는 평균 수명의 증가 덕분이다. 각 세대가 공존함으로써 복합적이고 다양한 문화를 만들어 내지만, 세대 간 문화적 충돌이 일어나고 있기도 하다. 현재 세대 간 문화적 충돌과 함께 다양하고 복합적인 요구가 혼재됨은 물론, 4차 산업 혁명으로 인한 충격까지 더해져 우리 사회는 그야말로 혼돈 그 자체이다.

하지만 혼돈은 새로운 변화의 축을 만들기 위해 반드시 거쳐야 할 단계 중 하나이다. 이제까지 우리 민족 특유의 불굴의 정신은 이러한 혼돈 속에서 더욱 단련되고 빛을 발해 왔다. 코로나19 바이러스 사태에 대처하고 있는 우리나라가 첨단 기술의 접목과 뛰어난 의료 시스템이 맞물려 세계에서 놀라워하는 방역 능력과 국민의 단결력을 보여 주는 데서 찾아볼 수 있다. 지금 우리나라는 IT 강국을 넘어 AI 강국으로 진화하는 중이다.

◉ 〈위대한 대한민국〉 중에서

제2장

국민 특성과
국토가 물려준
진로유산

01

21세기의 언어, 한글

터키를 방문하면 공항과 거리, 간판에서 '아타튀르크'라는 단어를 숱하게 만나게 되고, 식당 벽면에는 어김없이 아타튀르크의 사진이 걸려 있다. 아타튀르크는 '터키의 아버지'라는 뜻으로, 터키의 초대 대통령 케말 파샤(Mustafa Kemal, 1881~1938)의 애칭이다. 터키 국민들이 그를 국부(國父)로서 존경하는 이유는 1920년대에 터키어를 만들었기 때문이다.

한글을 창제한 조선 제4대 임금 세종 대왕(1397~1450)의 모습은 1만원 지폐에서, 관련 책자에서, 광화문 광장에서 만날 수 있다. 세종 대왕 동상을 광화문 광장에 모시게 된 것은 2009년의 일인데, 덕수궁에 있던 동상은 2012년에 철거하여 홍릉 세종대왕기념관으로 옮겼다. 이제야 제자리를 찾은 세종 대왕 동상은 높이 6.2m, 폭 4.3m 규모로 기단 위에 좌상으로 남쪽 방향을 향하고 있으며, 이순신 장군과 250m 정도 거리를 두고 자리 잡고 있다.

조선 초기 역사를 보노라면, 하늘을 가릴 것 같은 높디높은 산, 세종 대왕을 만나게 된다. 한글 창제라는 업적 하나만으로도 우리 민족에게 그의 위대함은 하늘에 닿고도 남는다.

"세종은 정말 위대한 인물인가?" 박영규의 『세종 대왕과 그의 인재들』(2002) 머리말에 나오는 구절이다. 저자는 이렇게 말한다. "확실히 그는 위대한 왕이었다. 아니, 단순히 왕으로서만이 아니라 대단한 인격자이며, 걸출한 인간이었다. 그에겐 인재를 알아보는 눈이 있었고, 사람을 적재적소에 배치하는 남다른 용인술이 있었으며, 신분을 따지지 않고 능력을 살 줄 아는 폭넓은 아량이 있었다. 왕이기 이전에 한 사람의 학자였고, 인간미 넘치는 선비였으며, 공평무사한 판관이었다. 다른 왕 아래선 전혀 재능을 인정받지 못하던 인물도 그를 만나면 날개를 달았고, 다른 시대엔 쓸모없는 지식으로 여겨지던 것들도 그의 시대엔 부흥의 밑거름이 되었다. 그리하여 그의 시대에 만들어진 보석들은 조선 왕조 전체의 주춧돌이 되고, 대들보가 되었다."

세종 대왕! 과학자인 동시에 수학자였고, 음악가이자 학식이 뛰어난 선비였으며, 탁월한 언어학자였다. 그뿐 아니라 재위 12년 10월에는 몸소 산학을 공부하기도 하였다. 세종 대왕이 공부한 것은 『산학계몽』(算學啓蒙)이라는 수학책이었는데, 당시 부제학으로 있던 정인지가 왕의 산학 공부를 도왔다. 결국 세종 대왕은 칠정산(七政算)을 가능케 한, 관측 또는 위치 천문학의 지식이 상당한 수준에 있는 조선 초기 최고의 천문학자 가운데 한 사람이다.

세종 대왕은 재위 25년인 1443년에 우리말 표기에 적합한 문자 체계를 완성하고 '훈민정음'이라 명명하였다. 『훈민정음 혜례본』은 1997년 10월 세계 기록 유산에 등록되었다. 많은 민족들이 자신의 언어를 표기하기 위하여 고유한 문자를 만들려고 노력하였다. 하지만 한글의 경우처럼 일정한 시기에 특정인이 독창적으로 새 문자를 만들고 한 국가의 공용 문자로 사용하게 한 일, 새 문자에 대한 해설을 책으로 출판한 일은 세계적으로 유례가 없다. 특히, 『훈민정음 혜례본』에서 문자를 만든 원리, 문자 사용에 대한 설명에 나타나는 이론의 정연함과 엄정함에 대해서는 세계의 언어학자들이 매우 높게 평가하고 있다. 유네스코에서 문맹 퇴치에 공헌한 사람들에게 수여하는 상의 이름이 '세종대왕상'인 이유는 한글의 독창성과 과학성을 인정하였기 때문이다.

한글은 세계에서 가장 합리적이고 과학적인 문자라는 명성과 더불어, 21세기 언어로서 또 다른 의미를 갖는다. 휴대 전화 자판을 보면 한글 자음과 모음이 9~12개로 된 3줄의 자판에 모두 배열되어 있다. L사는 문자 메시지를 빠르게 보낼 수 있는 자판을 만들기 위하여 심리학자에게 의뢰하여 3개씩 3줄로 된 자판을 만들었다. 한글이 디지털에 적합한 이유는 기본적으로 표음 문자이고, 자음 14개와 모음 10개만으로 수많은 글자를 만들어 낼 수 있기 때문이다. 문자 메시지로 의사소통하는 젊은 층을 '엄지족'이라고 할 정도로 문자 메시지는 청소년들에게 일상의 문화로 자리 잡은 지 오래이다. 한글은 영어처럼 자음과 모음을 길게 나열하는 방식이 아니라 초성, 중성, 종성이 다양한 조합으로 이루어진 한 음절의 글자를 세트 형식으로 입력하는 방식이라서 21세기 디지털 시대에 적합한 언어이다.

조석환 교수는 "한글은 적은 자음과 모음으로 많은 글자를 조합해 사용할 수 있는 방식인데, 이는 마치 0과 1로 많은 정보를 조직해 내는 디지털과 닮았으며 한글이 우리나라가 디지털 선진국이 되는데 일조했다."는 설명을 덧붙였다. (www.daum.net)

마이크로소프트사의 워드프로세서와 오피스 프로그램이 전 세계 사무용 소프트웨어 시장을 독점한 상황에서, 자국어 워드프로세서와 오피스 프로그램을 개발하여 '정보 자주 독립'의 중심축 역할을 한 것은 한글과컴퓨터 (이하 한컴)이다. 한컴은 1990년 '아래아 한글'로 소프트웨어 시장에 첫발을 내딛었다. 한컴은 1997년 IMF 외환 위기 이후 경영난에 부딪쳤으나, PC 통신 서명 운동 본부와 한글 지키기 운동 본부 등이 활발한 활동을 벌여 2004년 흑자 경영 상태로 돌아왔다. 이는 숱한 어려움 속에서도 끝까지 한글을 지키고자 한 국민들의 의지를 보여 준다.

우리는 21세기 디지털 시대에 부합하는 언어인 한글을 사용하여 지식과 정보를 보다 빠르게 교류함으로써 세계 무대에서 경쟁력을 높일 수 있다.

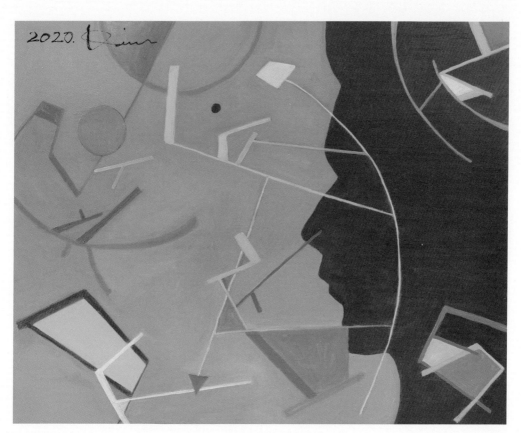

⊙ ⟨21세기 언어, 한글⟩ (80.3×100.0cm, Oil on canvas, 2020)

02

명품은 손끝에서,
대한민국 진로유산 1호 '젓가락 문화'

한국인은 손재주가 뛰어나다는 이야기를 종종 듣는다. 이 손재주는 어디서 나오는 것일까? 정교한 일을 잘 해내는 우리 민족의 재능은 젓가락 문화에서 출발한다. 젓가락은 단순한 음식 도구가 아니며, 신체의 한 부분인 손이 연장된 개념으로, 생명의 지팡이 또는 음식의 교량, 만능 찬구라고 불린다.

젓가락에는 지렛대의 원리가 숨어 있다. 약지의 손톱 아래 구부린 점을 지렛대 점으로 하고 엄지와 검지를 움직여서 젓가락을 사용한다. 젓가락을 사용할 때에는 손가락, 손바닥, 손목, 팔꿈치 등 30여 개 관절과 50여 개 근육이 움직인다. 젓가락을 자주 사용하면 대뇌의 기억 중추를 자극하게 되어 머리가 좋아진다.

우리는 어려서부터 젓가락 사용에 익숙해서 젓가락을 쥐는 특정 부위의 손 근육이 잘 발달하였기 때문에 세계 제일의 손가락 재능을 갖고 있다. 가령, 쇠 젓가락을 이용하여 미끌미끌한 묵을 집어 먹는 솜씨는 거의 예술에 가깝다.

손가락 재능은 섬세하고 까다롭고 정교한 작업을 가능케 한다. 섬세하고 정교한 의술에서도 한국 의사들의 실력은 세계적으로 알려져 있다. 심장 판

◉ 〈진로유산 1호, 젓가락 문화〉 (53.0×45.5cm, Oil on canvas, 2020)

막 성형술은 특수한 재질의 '링'과 '띠'를 이용하는 수술법으로, 민첩하면서도 정확한 손놀림이 요구된다. 외국에서의 성공률은 50% 정도인 반면, 국내에서는 98%가 성공한다고 알려져 있다.

우리는 2,000여 년 전부터 젓가락을 사용하였다. 백제 무령왕릉에서 출토된 수저 가운데 숟가락은 몸체가 은행알 모양에, 손잡이가 끝으로 가면서 넓어져서 기다란 삼각형을 이루고 있으며, 젓가락의 경우 절단면에 각(角)이 져 있다. 무령왕릉의 숟가락은 여러 줄의 돋을 선과 가는 선을 새겨서 화려하게 장식하여 그 품격을 더해 준다. 그리고 젓가락 가운데에는 손잡이 부분에 둥근 고리를 만들어 고려 시대 젓가락처럼 끈으로 묶는 고리를 만들어 놓았다.(국립공주박물관, 1999)

고려의 숟가락은 끝부분이 제비 꼬리처럼 두 갈래로 갈라진 '연미형(燕尾形)'인데, 손잡이 측면이 S자형으로 휘어져 있고, 숟가락 면은 가늘고 긴 형태이다. 손잡이 끝부분의 제비 꼬리 모양은 자연스런 초기 형식에서 S자 곡선으로 크게 휘어진 중기 형식을 지나, 후기에는 측면의 S자 곡선이 완만해지고 제비 꼬리 모양도 간결해져 조선 초기의 숟가락으로 넘어간다.(국사편찬위원회, 1995)

우리에게 두 가지 진로유산을 제공해 주는 젓가락 문화는 길이 전수되고 보존되어야 할 '대한민국 진로유산 제1호'이다.

03

일등주의의 강박 관념과
목표 지향성

우리 국민의 특성 가운데 하나는 일등주의가 팽배해 있다는 것이다. 일등만을 최고로 치는 풍조는 가정에서부터 비롯된다. 부모들은 자녀들에게 무엇이든 열심히 하고, 이왕 할 거면 무조건 일등이 되어야 한다고 가르친다. 자녀가 일등을 하지 못하면 나무라고, 일등과 비교 분석하여 각종 대책을 강구한다. 최고만을 강요하는 이러한 문화는 결국 입시에서 좋은 성적을 거두지 못하거나 취직에 실패한 사람이 이를 비관하여 극단적인 선택을 하게 만들기도 한다.

우리는 왜 일등을 해야 속 시원하다고 여기는 것일까?

우리 국민은 유명 운동선수가 나오는 세계 대회 장면이 텔레비전에 방영되면 거기에 몰입해 있다가, 우승권에서 멀어지는 것 같으면 채널을 돌린다. 우리는 여가마저 타인의 일등 소식에 대리만족을 하고, 정상 정복에 실패하면 마치 자신이 그런 양 침울해 한다.

이와 같이 대한민국 국민은 일등에 목을 매며 고달프게 살아간다. 그러나 뚜렷한 목표가 있고, 목표 달성을 위해서라면 고통을 기꺼이 감수하려는 마음이 있기에 꿈이 있다. 우리 국민은 등산을 좋아하는데, 정상에 올라 발밑의 산하를 굽어보는 느낌을 즐기기 때문이다. 남의 밑에서 일하다가도 마

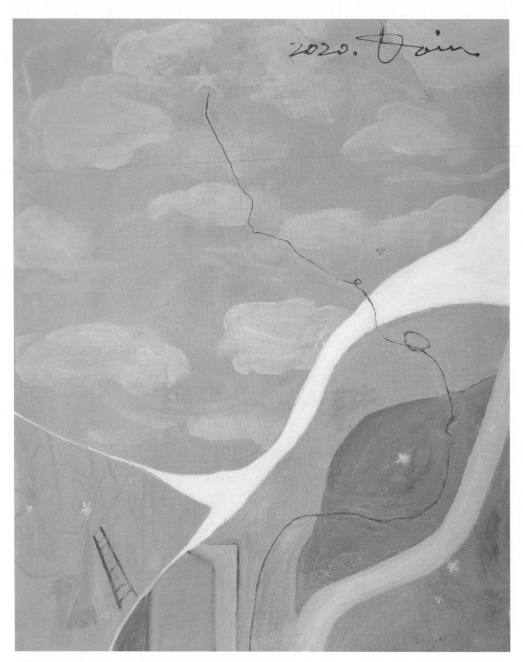

⭕ 〈일등주의〉 (65.2×53.0cm, Oil on canvas, 2020)

흔이 넘으면 사표를 내고 자기 사업을 해야 직성이 풀리는 사람들을 주변에서 종종 볼 수 있다.

　일등주의라는 강박 관념은 전 국민을 지배하고 있다. 15년 전 황우석 교수 사건[1] 때, 우리 국민은 세계 최고의 기술을 우리가 갖고 있어야 한다는 그 자존심을 잃을까 봐 한 달이 넘도록 토론을 벌이면서 결과를 기다리고 초조해 하였다. 일등 자리를 남에게 내어줄지도 모른다는 불안이 국민의 고통으로 이어진 것이다. 그래서 '원천 기술만 있어 다오.'라며 빌었다. 인질 효과로 인해 황 교수의 진실을 믿으려고 한다고 힐난하는 사람도 있었지만 이는 잘못된 주장이다. 단지 일등을 놓쳤을 때의 비참한 심정, 타인들의 비난 등을 우리 국민이 잘 알고 있었을 뿐이다. 우리 사회는 오직 일등만을 원하였기 때문이다.

　왜 우리는 일등에 집착하는가? 우리 국민은 일등을 할 수 있다는 희망만 생기면 신바람이 저절로 나서 일을 성사시키지만, 이등이라도 하는 날에는 낙담하며 체면을 잃었다고 생각하는 경향이 있다. 킨사이드와 윰(Kincaid, Yum, 1987)이 하와이에 거주하는 여러 민족의 1세대 이민자들을 비교 분석한 결과, 한국인은 체면이 자신과 일치하지 않는다고 생각하면 다른 나라 사람들보다 훨씬 불만족해 하였다.

　그러므로 우리나라는 일등주의의 강박관념으로 인하여 일등이 되지 못한 대다수에게 많은 고통과 번민을 안겨주기도 하나 일등이라는 국민적 통합을 가져와 세계 1위의 기록을 갱신할 수 있는 역량을 갖고 있기도 하다.

---

1) 2005년 11월 MBC의 사회 고발 프로그램 〈PD수첩〉이 서울대학교 수의학과 황우석 교수의 2004년 사이언스지 게재 논문에서 사용된 난자의 출처에 대한 의문을 방송하면서 촉발된 사건이다. "2005년 사이언스 논문에 줄기세포가 없었다."는 미즈메디 병원 이사장의 발표는 국민들을 놀라게 했고, 23일 서울대 조사위원회에 의해 "2005년 사이언스 논문이 고의로 조작됐다는 중간 조사 결과"가 발표되면서 의혹이 입증되었다. 서울대 조사위원회는 기자 간담회를 통해 "2005년 사이언스 관련한 체세포 복제 배아 줄기세포는 전혀 없다."고 발표하였고, 추가로 "2004년 줄기세포 또한 환자 DNA와 다르다."는 조사 결과를 발표해 황 교수 측의 원천 기술 주장이 거짓일 가능성을 시사했다.(///ko.wikipedia.org/wiki)

04

속도와 진취성
그리고 적응력

우리가 맞이할 미래는 어떤 모습일까?

미래학자 앨빈 토플러(Alvin Toffler, 1928~2016)에 따르면, 미래 경제를 대변하는 네 가지 단어는 '스피드', '개인 맞춤형 생산', '초복잡성', '경계 붕괴'이다. 이 중에서 스피드는 빠른 변화 속도를 뜻한다. 기술·언론·외교·가정·개인의 각 영역 간에 속도 차이가 발생하는데, 기업과 경제가 1시간에 100마일씩 움직이고 있다면 정부는 1시간에 10마일밖에 움직이지 않아 서로의 속도에 괴리가 생긴다고 보았다. 이러한 속도는 우리나라에 적용될 것인가?

우리 국민의 대표적 특성 가운데 하나는 '빨리빨리'이다. 200년 전 정조 대왕의 화성 건설은 지금의 신도시 건설과도 같다. 10년 동안 화성 건설을 계획하고 시작하였으나, 불과 2년 9개월 만에 완성하였다. 그 2년 9개월도 극심한 가뭄으로 공사를 6개월간 중단한 결과이므로, 엄격히 따지면 2년 3개월 만에 완성한 것이다. 오늘날의 장비로도 2년 3개월 만에 완공하기는 불가능하다고 하니, 화성을 건설하고자 했던 정조 대왕의 굳은 의지가 공사 속도를 4.4배나 높이는 원동력이었음을 짐작할 수 있다.

스틱형 믹스 커피는 '빨리빨리'라는 국민성을 단적으로 보여 주는 상품이다. 가위로 잘라야 하는 번거로움에서 벗어나기 위해 손으로 자르기 쉽도록 절

취선을 만들었다. 스틱의 너비가 엄지손가락만큼이라서, 엄지로 설탕, 프림의 양을 조절하면 많은 사람의 다양한 입맛을 모두 맞출 수 있다.

세계는 우리 국민을 얼리어답터(early adoptor)로 보는데, 이 역시 '빨리빨리'를 중시하는 우리의 국민성과 상관이 있다. 로저의 적응/혁신 커브(Rogers adoption innovation curve)에서는 소비자를 소비 성향과 속도에 따라 다섯 단계로 분류하고 있다. 신제품을 가장 먼저 구입하는 '혁신가(innovator)'는 2.5%, 일찍 도입하는 '얼리어답터'(early adoptor)는 13.5%, 일찍 사는 다수(early majority)는 34.0%, 늦게 사는 다수(late majority)는 34.0%, 느린 사람(laggard)은 16%이다. 신제품이 나온 후 수일 내에 반드시 사고야 마는 우리는 평가도 재빠르기 때문에 세계 유수의 기업들은 신제품의 시험대로 한국 시장을 선택하곤 한다.

'빨리빨리' 문화는 정보 기술(IT) 발전에도 기여하였다. 우리는 컴퓨터를 켜고 1초도 기다리지 못할 때가 많아서, 더 빠른 IT 기반 조성에 열을 올리고 있다. 인터넷월드스태츠가 공개한 2020년 상반기 아시아 인터넷 이용 통계에 따르면, 우리나라의 인터넷 이용 인구는 전체 5,126만 9,185명의 96.0%인 4,923만 4,329명으로 아시아 1위를 차지하였다. 그 다음은 일본 93.8%, 대만 92.6%의 순이다.(https://www.internetworldstats.com/stats.htm)

스마트폰은 언제 어느 때라도 받을 수 있어서, 우리 국민의 성격에 딱 들어맞는 물건이다. 그래서인지 한국의 스마트폰은 세계적인 명성을 갖고 있으며 보급률도 높다. 스마트폰은 시계, 알람, 메시지 전달, 은행 업무, 발신자 번호 알림 등 개인 비서 역할을 톡톡히 한다. 스마트폰을 이용해 에어컨이나 조명, 차고 문 등을 무선으로 제어하며, 혈당 또는 심장 박동 수를 측정하여 의료진에게 전달하는 서비스도 현실화되었다.

반도에 위치한 지리적 영향 때문인지 우리 국민은 매우 진취적이다. '안 되면 되게 한다'는 의미도 어떻게 보면 '빨리빨리' 문화와 연관되어 있다. 진취적 성격 덕분에 부존자원의 부족에도 불구하고 경이적인 경제 성장을 이룩할 수 있었다. 그래서일까? 정책을 실천하는 데 있어서도 단기간에 목표를 실현하려는 의지가 엿보인다.

예컨대 외국의 경우, 파괴된 생태계를 복구하는 데 수십 년이 걸리곤 한다. 우리나라는 어떤가? 서울의 동부간선도로를 가게 되면 중랑천과 만난다. 중랑천은 2005년 이전만 하더라도 악취가 나는 검은 하천이었다. 그러나 10여 년 동안 생태계 회복 운동을 벌여 맑은 물이 흐르고 1급수 서식 어종이 사는 낚시터이자, 철새들이 날아드는 좋은 휴식처로 자리 잡은 지 오래이다. 생태계 회복은 충분한 기간이 지나야 가능하지만 우리는 10년 만에 이룬 것이다.

이뿐만이 아니다. 청계천은 세계적으로도 드문 도심 생태 하천으로 평가받고 있다. 6·25 전쟁이 끝난 다음 생계를 위하여 서울로 모여든 피난민들 중 다수가 청계천변에 정착하였다. 그들이 판잣집을 짓고 생활하면서 배출한 하수로 인해 청계천은 오염되었다. 이에 1955년 광통교 상류 약 136m 복개를 시작으로, 1958년부터 복개 사업이 본격적으로 전개되었다. 1958~1961년 광교에서 청계6가 동대문운동장까지, 1965~1967년 청계 6가에서 청계 8가 신설동까지, 1970~1977년 청계 8가에서 신답철교까지 복개되었다. 청계천 복원을 계획하였을 때 외국에서는 짧은 기간에 복원이 불가능하다고 하였다. 그러나 2003년 7월부터 2005년 9월까지 겨우 2년 2개월 만에 복원 공사를 끝낼 수 있었다.

외부의 것을 빠르게 받아들이고 적응하여 다시 외부의 것을 받아들이는 '빨리빨리' 문화에 담긴 진취적인 성격, 이는 우리 국민성을 대표한다.

◉ 〈빠르기〉 (45.5×53.0cm, Oil on canvas, 2020)

05

정(情)의
문화

미국 유명 관광지의 기념품 판매소에서는 해외 스타들의 사진과 함께 방탄소년단(BTS)의 사진을 팔고 있다. 글로벌 시장에서 인기가 있는 한국의 대중음악을 케이팝(K-Pop)이라고 부른다. 케이팝 열풍은 2005년경부터 시작되어 아시아 지역을 넘어 유럽, 중동에까지 확산되었다. 2012년 싸이의 〈강남스타일〉이 케이팝 열풍을 이끌었다면, 지금의 주역은 방탄소년단이다.

케이팝 이전에 '한류(韓流)'가 있었다. 1996년 드라마를 시작으로 중국에 수출되기 시작한 한국 대중문화가 1998년부터 가요 쪽으로 확대되면서 중국 언론이 만든 신조어이다.

우리는 첫 만남에서 상대방의 신상을 파악하는 작업을 먼저 하는데, 특히 연령을 궁금해한다. 연령은 한국 사회에서 중요한 잣대이기 때문이다. 고향, 사는 곳 등 지극히 개인적인 정보를 묻는 것은 상대방에게 친숙하게 다가가고 싶다는 마음의 표현이다. 그러나 프라이버시를 중시하는 외국에서는 이러한 우리의 문화를 이해하지 못한다.

우리는 또한 단골 가게에서 물건을 살 때 덤을 얹어 주거나 값을 깎아 달라고 요구하곤 한다. 이것이 서로 간의 끈끈한 정(情)이라고 생각하기 때문이다. 다른 사람의 삶에 관심을 갖고 그 이야기에 울고 웃을 줄 아는 우리의 정서

◐ 〈정(情)의 문화〉 (53.0×72.7cm, Oil on canvas, 2020)

는 드라마 산업 발달에도 긍정적인 영향을 미쳤다.

인터넷에는 각양각색의 사람들의 다양한 삶을 소개하는 글이 대부분이다. 대통령, 정치가, 연예인, 스포츠맨 등은 국민의 지대한 관심 때문에 늘 화제의 중심에 있다. 우리는 이들을 풍자한 이야기를 만들어 내고, 이를 다른 사람들과의 대화 소재로 삼으면서 즐긴다.

이처럼 다른 사람에게 관심을 갖고 함께 울고 웃는 정(情)의 문화는 어디서 유래하였을까?

두레는 조선 후기 모내기를 하는 이앙법이 전국적으로 보급됨으로써 생겨난 공동 노동 방식이다. 여름철에 김매기와 모내기는 일시에 집약된 노동력을 필요로 한다. 따라서 효율적인 노동 관리 체계, 능률적인 농사 방식, 다양한 농민 문화의 조직화가 뒷받침되어야 한다. 두레 조직은 자연 마을 단위로 구성하여 마을 내 인적 결합을 조직화하고 상부상조의 전통을 가지고 있다.

이와 같이 타인의 삶에 깊은 애정을 갖는 우리의 국민성은 마을 주민들의 대소사에 관여하여 그들의 입장에서 상부상조하는 두레 정신에 바탕을 두고 있다. 정의 문화는 결국 드라마 산업을 발달시켰다. 재미있는 드라마가 끝날 즈음 '무슨 재미로 사나?' 걱정을 앞세우는 것이 우리다.

06

여백의 미,
심미성

우리와 인접한 중국을 방문해 역사적 유물을 보면, 디자인의 독특함에 흥미를 갖게 되나 빼곡히 구현한 반복적 문양들을 보고 있자면 슬며시 싫증을 느끼게 된다. 똑같은 문양을 반복하여 나타내는 것을 매우 지루하고 가치가 없다고 느끼는 것은 우리나라가 여백의 미를 즐기는 민족이기 때문이다.

우리나라는 어느 지방을 가도 전망 좋은 곳에 정자가 서 있다. 높은 봉우리 바로 옆 정자가 갖는 멋 또한 각별하다. 정자가 있는 곳에 가 보면 펼쳐지는 산세의 아름다움에 정자가 이곳에 있는 이유를 저절로 깨닫게 된다. 정자의 전망에서 보고 느낀 것은 한 편의 시로 읊어지고 한 폭의 그림으로 옮겨진다.

그러나 정자의 전망이 그대로 시나 그림이 되는 그 멋은 또 다른 멋이다. 병산 서원(屛山書院)은 1613년(광해군 5)에 창건되었으며, 유성룡(1542~1607)의 위패를 모신 곳이다. 원래 고려 말 풍산현에 있었던 풍악 서당(豊岳書堂)을 1572년(선조 5)에 유성룡이 이곳으로 옮겼다. 1868년(고종 5) 흥선 대원군이 서원 철폐령을 내린 뒤에도 남아 있던 47개 서원 가운데 하나이다. 병산 서원의 만대루는 유생들이 행사 때 한자리에 모였던 대강당인데, 이곳에서 가장 알려진 건물로서 건축과 조형미에서 그 가치를 인정받고 있다. 만대루에서 병산을 바

◉ 〈여백의 미〉 (41.0×53.0cm, Oil on canvas, 2020)

라보면 7개의 기둥 사이에 풍경을 담은 한 폭의 병풍을 펼쳐 놓은 것 같다.

1592년 2월 임진왜란이 일어나는 해에 이순신 장군의 『난중일기』를 보면, "늦게야 떠나서 영주에 이르니, 좌우의 산의 꽃과 들 가의 봄풀이 한 폭의 그림 같다. 옛날에 영주가 있다 하더니 역시 이와 같은 경치였던가?"(4월 12일), "흥양 전선소(고흥군 고흥읍)에 이르러 배와 집기류를 몸소 점검하였다. 그 길로 녹도로 가서 곧장 봉우리 위에 새로 쌓은 문다락을 올라가 보니, 경치의 아름다움이 이 근방에서는 으뜸이다."(4월 4일)와 같은 표현들이 빈번히 나타난다.(최두환, 2005) 임진왜란 중 국가의 운명을 짊어진 막중한 장군의 황황한 마음을 달래 주는 경치의 아름다움이 있었다.

윤선도(1587~1671)는 조선 3대 시가인 중 하나이다. 윤선도는 26세 때 진사에 급제하였다. 1616년(광해군 8)에 상소를 올렸다가 유배를 당하였으나, 1623년 인조반정이 일어나면서 풀려났다. 고향 해남에서 조용히 지내다가 1628년 조정에 들어간 그는 1635년 고향으로 돌아와 은거하였다. 그 뒤 세상을 등질 결심을 하고 뱃머리를 돌려 제주도로 가던 중, 보길도의 경치를 보고 반해 '부용동(芙蓉洞)'이라 이름을 붙이고 여생을 보낼 곳으로 삼았다. 1638년 유배를 당해 이듬해 풀려났으며, 보길도로 돌아와 정자를 짓고 시(詩)·가(歌)·무(舞)를 즐기며 살았다. 시인의 마음을 단번에 사로잡은 경치의 아름다움을 알 수 있다.

우리나라 경치야말로 세계 제일이다. 스위스인들은 우리나라가 산이 많아 스위스와 닮았다고 하였다. 스위스가 관광 대국이라면 우리도 관광 대국이다. 빼어난 강산은 관광 자원으로 손색이 없다. 또 우리에게 아름다움이 무엇인지를 알려 주는 한편, 미적 감각을 일깨워 시나 그림, 디자인 등에 뛰어난 능력을 갖도록 하였다.

그러므로 우리 디자인의 독특함, 예술적으로 높은 가치를 추구하는 여백의 미를 즐기는 심미성은 빼어난 강산 덕분이다.

07

21세기의 역량, 다양성

섬과 바다가 어우러지는 천혜의 절경과 예술이 깃든 도시, 통영. 그 남쪽, 미륵도 해안을 일주하는 도로 중간의 달아 공원에서 바라본 다도해 풍경은 한 폭의 그림 그 자체이다. '달아'는 이곳 지형이 코끼리 어금니와 닮아서 붙은 이름인데, 지금은 '달구경하기 좋은 곳'이라는 뜻으로 쓰인다. 통영 앞 바다는 마치 호수와 같다. 우리나라는 다도해로서 남쪽 바다는 호수 같은 바다를 보여 준다.

조석간만의 차이가 큰 서해안은 개펄과 간석지가 잘 발달하였는데, 최근에는 간척 사업으로 해안선의 형태가 단순해졌다. 개펄은 한강, 임진강, 예성강 등 큰 하천이 유입하는 경기만에서 가장 발달하였다. 남해안은 만, 반도, 섬이 많아 해안선의 출입이 극히 심하다. 노령산맥과 소백산맥이 끝나는 남서 해안은 해안선이 특히 복잡하여 세계적으로 손꼽히는 리아스식 해안 (ria coast)이다. 동해안은 주로 모래와 암벽으로 이루어져 있고, 경사가 급한 편이다. 바다가 하늘과 맞닿아 탁 트여 있어서 언제나 파도가 출렁인다. 파도로 인하여 펄보다 무거운 모래와 바위만 남게 된다. 동해안은 산과 기묘한 절벽, 맑은 모래가 있는 아름다운 해변이 발달하였다. 동해안의 바다는 거칠고 담대함을 보여 준다.

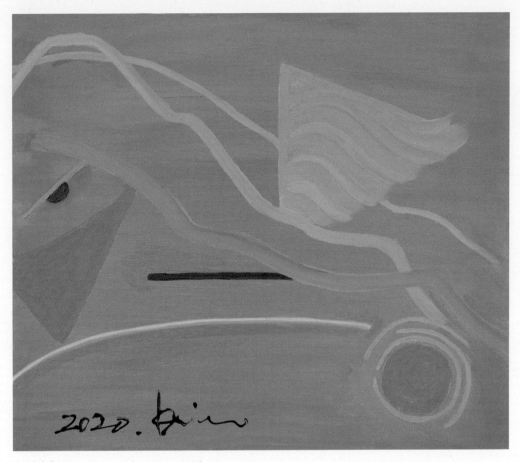

○ 〈다양성〉 (53.0×45.5cm, Oil on canvas, 2020)

091

산의 경우도 강원도, 충청도, 전라도, 경상도의 모양과 느낌이 다 다르다. 〈춘향가〉의 '산세를 이를께 니 들어라' 대목에서 "경상도 산세는 산이 웅장허기로 사람이 나면 정직허고, 전라도 산세는 산이 촉(矗. 우뚝 솟아 있음)허기로 사람이 나면 재조 있고, 충청도 산세는 산이 순순허기로 사람이 나면 인정 있고"라고 한다. 우리나라는 국토 면적(남한 기준)의 65.2%인 6만 4,775km²(1992년 건설부 자료)가 산지로 분류되어 있다.

강원도 산은 연봉으로 거침없이 이어지며 백두대간이 흐르는 곳으로 동해안을 끼고 태백산맥을 따라 금강산(1,638m), 설악산(1,708m), 오대산(1,563m), 대관령(832m), 두타산(1,353m)을 거쳐 태백산(1,567m)이 있다. 강원도는 산세의 웅대함과 기묘한 봉우리들과 절벽, 폭포 등이 있으며 험한 산세를 이루고 있다.

충청도의 산세는 대체로 부드러운 능선을 보여 준다. 충청도 산은 소백산(1,440m), 금수산(1,015m), 월악산(1,092m), 속리산(1,057m), 민주지산(1,241m) 등과 같이 강원도 산세보다는 낮다.

전라도의 산세는 경사가 급하면서 뾰족하나 대체적으로 산세 전체를 가늠하기 어렵다. 전라도는 지리산(1,915m, 전북, 전남, 경남에 걸쳐 있음.) 무등산(1,187m), 덕유산(1,614m) 등이 있다.

경상도의 산세는 산봉우리가 많고 뾰족하기를 거듭한다. 주흘산(1,108m), 가야산(1,433m), 황석산(1,192m), 거망산(1,184m), 대덕산(1,290m, 경북과 전북에 걸쳐 있음.), 수도산(1,316m) 등이 있다.

산이 높으면 골이 깊기에 산세와 계곡의 다양함 또한 길가는 나그네의 혼을 빼놓는다. 설악산 내설악의 대표적인 계곡은 전형적인 S자 모양의 사행천이 흐르는 백담계곡이며, 거의 모든 내설악의 물줄기가 모이는 큰 계곡으로 백(百)개의 담(潭)이 있다고 해서 붙여졌다. 거대한 울창한 숲에서 다양한 색의 흉내낼 수 없는 맑고 청아한 물이 S자 모양으로 담을 만들고 급히 흐르는 전혀 예측되지 않은 계곡의 자유로움을 보고 있자면, 세상을 희롱하고 한바탕 춤을 추는 듯하여 아름다운 산과의 절묘함에 어찌하지 못하는 그야말로 무아지경인 셈이다.

이처럼 삼면의 바다에서 오는 다양성, 산세에서 나타나는 다양성은 우리 민족에게 다양화를 꾀할 수 있는 역량을 가져다준다. 이 다양성은 21세기에 요구되는 역량이다.

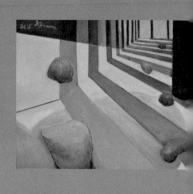

제3장

성장 동력의
진로유산

01

교육 훈련의 강국,
대한민국

한국인은 아무리 가난해도 자식은 꼭 학교에 보내야 한다는 것을 하나의 종교와도 같은 신념으로 갖고 있다. 이는 '배워야 산다'는 것으로, 그 의미를 더욱 강조한 것이다.

2010년 워싱턴과 거의 인연이 없는 김용 다트머스대 총장이 세계은행 총재 후보로 깜짝 지명되었다. 그를 지지한 버락 오바마 미국 대통령의 유별난 한국 예찬은 우리나라의 교육열과 정보 기술(IT) 인프라에 대한 것이었다. 그는 세계적 경쟁력이 있는 한국의 IT 인프라를 벤치마킹해야 한다고 수시로 강조하였고, 남다른 한국의 교육열을 지적하였다.

오늘날 세계 각국은 저마다 교육 개혁을 감행한다. 우리나라 중등 교육이 대학 입시 제도와 연관되어 파행적으로 운영되고 있다는 것은 예전부터 지적되어 왔다. 이를 위하여 우리나라는 여러 가지 교육 개혁을 추진하고 있지만, 정작 문제를 해결하기보다는 부작용을 낳고 있는 게 현실이다.

왜 우리나라는 어떤 교육 개혁도 효과를 보지 못하는가? 이는 부모 세대의 지나친 교육열 때문에 교육 개혁의 결과를 예측할 수 없기 때문이다. 예측된 결과를 바탕으로 개혁을 수립하지만, 항상 예측을 빗나가게 만드는 우리의 교육열은 오래전부터 내려온 우리 민족의 특성이다.

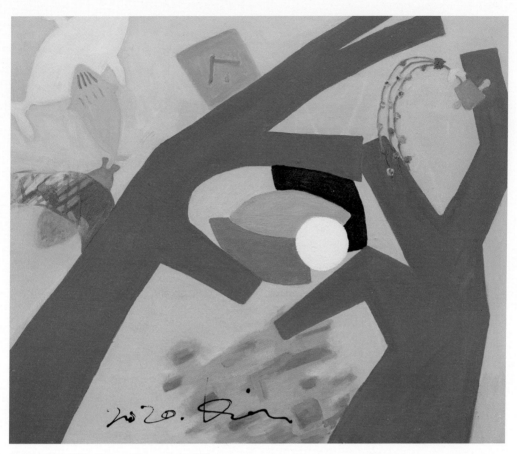

◎ 〈두뇌 강국〉 (72.7×60.6cm, Oil on canvas, 2020)

1972년에 울산 대곡리 태화강에서 발견된 반구대 암각화는 약 6,000년 전에 새겨진 바위그림이다. 바위에 새겨진 그림 내용은 사냥과 어로, 의식에 관한 것이다. 300여 종의 동물이 등장하는데, 특히 물고기의 종류가 다양하다. 고래, 상어, 물개, 작은 물고기 등 68점의 그림 중 43점이 고래와 관련된 그림이다.

작살이 꽂힌 고래, 새끼를 업은 고래, 물을 뿜어내는 고래, 해초 아래에서 노는 고래, 헤엄치는 고래 등이 등장하고, 긴수염고래, 흰긴수염고래, 범고래, 귀신고래, 향유고래 등도 보인다. 고래의 생태를 보여 주는 그림도 있는데, 여기서는 물짐승과 뭍짐승들의 특성을 잘 묘사하고 있다.

울산 반구대 암각화는 당시 사람들이 대를 이어서 주된 생업을 가르치기 위하여 각종 지식을 바위에 그림으로 새겨 놓은 것이다. 그 시대에는 이 그림이 지식이자 교재였고 교육 훈련장이었다. 6,000년 전부터 우리 선조들은 배움의 중요성을 알려 준 것이다.

고구려는 일찍이 최고 학부로 태학을 설치하고 일반 평민의 교육 기관으로 경당을 두었다. 경당은 거리마다 있으며, 독서하는 곳이다. 고구려는 귀족에서부터 하층에 이르기까지 문무를 가르쳤다.

백제는 최고의 기술 집단인 '박사'를 제도적으로 양성하여 이들에게 교육을 맡겼다. 신라는 국비 유학 제도를 두어 고급 인력을 기르는 한편, 도제 형태로 장인들을 훈련시켰다.

발해의 경우 최고 교육 기관으로 주자감을 두었으며, 유학 제도를 운영하였다.

고려 시대에는 교육 훈련 시스템이 한층 발달하였다. 국립과 사립, 중앙과 지방, 고등 교육 기관과 중등 교육 기관 등을 다양하게 발전시켰고, 교육 개혁을 거듭 시도하였다. 또 교육 결과를 평가하는 시스템을 구축하여 과거 제도를 운영하였다.

조선 시대에는 교육 기관의 명칭은 고려와 달랐으나 비슷한 체제로 운영되었고, 과거 제도도 고려와 유사하였다. 직업 훈련은 관청 수공업에서 장인 및 공인들에 의해 도제 형태로 실시되다가 민간 수공업에서도 실시되었다.

현대 교육 체제는 근대 교육 체제에서 대한민국 정부 수립에 이르기까지 적용된 형태를 그대로 유지해 왔다. 근대 교육 체제에서는 시설뿐만 아니라 교사도 부족하여 사범학교를 통하여 교사를 양성하였다. 그러나 그 수요를 감당하지 못해 대학교 내의 사범 대학을 증설하고 초등학교 교사를 위한 교육 대학을 설치하게 되었다.

1980년대 대학의 급격한 증설로 결국 대학 진학률이 80%를 넘는 현상이 지속되었다. 하지만 지속적인 인구 감소로 고졸자 수가 대학 정원 이하로 줄어듦에 따라 대학이 구조 조정에 들어갔고, 대학 진학률이 2008년 83.8%에서 2017년 68.9%로 현저히 떨어졌다.

역사적으로 보면, 우매하다고 평가된 왕조차도 인재 등용을 잘하는 것이 국가의 백년대계임을 누누이 강조하였다. 신하들도 인재 등용의 중요성을 왕에게 간하였으며, 「열전」에 따르면 인재로 뽑힌 인물의 능력이 뛰어난 경우에는 선발 담당자의 공을 반드시 기록하였다.

이와 같이 우리나라는 인재 등용을 중시하였다. 이는 교육의 단계를 거쳐야 하므로 대한민국 학부모의 교육열은 오늘날에도 식지 않는다.

100

◉〈교육 훈련의 산실, 병산 서원〉
(91.0×116.7cm, Mixed media on canvas, 2018)

02

최강의
제철 기술

창원 외동의 성산 패총 박물관에 가면, 야철지 복원 현장을 볼 수 있다. 성산의 구릉 경사면에 각기 독립적으로 삼한 시대의 패총이 형성되어 있으며, 패각층 위로는 삼국 시대의 성곽이 축조되었다. 또 패총 아래에서는 야철지가 발견되어, 변한 지역에서 철을 생산해 왜, 낙랑에 수출하였다는 중국의 옛 기록을 입증하였다. 성산 패총은 그 위치나 규모가 성읍 국가 단계 이후의 것이며, 오랫동안 창원 지역이 철 생산의 중심이었음을 보여 준다.(www.changwon.go.kr) 야철지 복원 현장 앞 안내판에는 '야철지가 발굴된 이곳 아래에 2,000년이 지나 창원 기계 공업 단지가 들어선 것은 우연한 일이 아니다.'라고 적혀 있다.

한반도에 인류가 살기 시작한 것은 70만 년 전부터이다. 인류가 발견한 최초의 합금인 청동기 문화를 가지는 데까지는 무려 67만 년이 걸렸다. 우리 선조들이 고도로 발달된 청동 합금 기술을 구현한 지 3,000년이 흐른 후, 우리나라는 조강 산업국으로 입지를 확고히 하였다.

인류의 역사를 보면, 고대에서 강력한 국가를 유지하기 위해서는 철을 생산하거나 제조하는 기술을 보유해야만 하였다. 청동기는 구리 합금이며, 아연을 섞는 것은 당시로서는 어려운 기술로 우리 민족 특유의 합금술이다.

청동기는 적당한 양의 아연을 섞으면 색깔이 부드러운 금빛을 띠게 되고 주조물의 성질도 좋아져서, 장식품이나 의식 용구를 만들기에 알맞은 황금색이 된다.

은대의 중국인은 구리, 주석, 납, 이 세 가지 금속을 따로따로 제련하여 합금을 만들었다. 그러나 우리나라는 초기 청동기 시대의 유물에서 구리 53.93%, 주석 22.30%, 납 5.11% 이외에 아연이 13.7% 들어 있어 중국 기술과 연결되지 않는다. 초기 로마 시대에 아연-청동 기술은 2,200년 전에 만들어진 것으로, 우리나라 초기 청동기 시대의 아연-청동 유물은 지금까지 남아 있는 것으로는 세계에서 가장 오래된 것이다.(전상운, 2000) 청동기 제작은 거푸집 제조, 채광, 정련, 주조, 보수 등의 단계를 거치는데, 제련은 전문가만이 할 수 있는 고도의 기술이다.

청동기 시대를 지나면 철기 문화가 형성되는데, 우리나라의 철기는 고조선 후기에 해당하는 2,300년 전에 출현하였다. 초기 철기 시대의 제철 및 철기 제작 기술을 보면, 원료의 획득 기술, 로(爐)의 축조 기술, 송풍 기술, 조업상의 기술 등 제반 요소가 완전히 갖추어져야만 가능한 일종의 종합적 기술이다.(이남규, 1993) 가야의 철은 대외 무역 중 가장 손꼽히는 우수한 제품이어서 김해 지역의 철 제련은 어느 지역보다 우수하였다. 이와 같이 2,100년 전에서 1,600년 전까지 철의 제련과 철기의 제조가 한반도 전역에 행해지고 있었다. 2,200년 전 철제 유물 중에는 4%가량의 탄소가 함유된 무쇠 도끼 이외에 0.6~1.5%의 탄소가 함유된 강철 도끼들이 있다.(전상운, 2000)

일본 나라현의 이소노가미 신궁에는 백제 칠지도가 보존되어 있다. 여섯 가지의 칼이 달린 길이 약 75cm의 철검으로, 61자의 명문이 새겨져 있다. 이 칼은 369년 5월 16일 정오에 만든 강철 칼로, 100번이나 단련하였다고 하였다. 칠지도는 철의 정련과 주조, 열처리와 단접, 상감 등 어려운 기술적 과정을 거쳐 탄생하였다.(전상운, 2000) 안타깝게도 제작자의 이름이 새겨져 있으나 판독은 불가능하다.

종의 경우는 또 어떤가? 발달된 주조술을 바탕으로 정교한 세부 장식들, 종신의 아름다운 선, 여기서 울리는 소리의 아름다움 등은 우리나라 종이 동양 삼국의 종 가운데 가장 뛰어나다는 것을 보여 준다.(국립중앙박물관, 2000)

철불은 통일 신라 시대 후기부터 만들어져 고려 시대에 유행하였다. 가장 오래된 철불은 1,200년 전에 제작된 전남 장흥 보림사의 철불 좌상이다.

15세기 말 함경도 단천에서는 김감불과 김검동이 연광석을 사용하여 은을 제련하고 분리하는 방법을 발견하였다. 조선에서는 제련 기술을 16세기부터 적극적으로 시행하였다. 조선 후기 실학자 이규경(1788~?)이 쓴 『오주서종박물고변』2)(五洲書種博物考辨)에서는 '단천연은법(端川鍊銀法)'을 상세히 소개하고 있다. 생은(生銀)을 채취하려면, 용로를 파고 그 밑에 작은 구덩이를 파서 열화를 쌓는다. 로(爐) 속에는 먼저 연편(鉛片)을 놓은 다음, 생은을 그 위에 깔아 놓고 사방으로 돌아가면서 숯불을 피운다. 그 위를 아름드리 소나무로 덮어 불을 일으키면, 연은 먼저 녹아서 아래로 내려가고 생은은 빙빙 돌아서 용솟음치면서 용화되어 신구연수(新舊鉛水)가 교불(交弗)되며 갑자기 표면 한가운데가 갈라지면서 은은 윗면에 모이고 연재(鉛滓)는 회중(恢中)에 스며든다. 거기에 물을 부어 연판이 응고하면 집어내고, 다시 회중에 스며든 연재를 용로에서 녹이면 회는 없어지고 연만 남는다. 이것은 조선 특유의 방법이다.(전상운, 2000)

19세기 후반 전로법과 평로법이 등장하여 단시간 내에 철의 대량 생산이 가능해지면서, 간접 제강법은 직접 제강법에 비해 결정적인 우위를 구축하고 종래의 정련로와 프델로는 급속히 쇠퇴해 갔다.(포항제철, 1993)

조선 후기까지의 전산업 사회(前産業社會)에서 공업화 준비기이면서 과도기

---

2) 활자본, 2권 3책, 한국의 금속공업(金屬工業)과 보옥류(寶玉類)·약석류(藥石類)·교각류(膠角類) 등의 제성(製成) 과정을 기술한 책이다.

◐ 〈최강의 철강 기술〉 (72.7×60.6cm, Oil on canvas, 2020)

인 대한 제국 말, 일제 강점기를 거치고 정부가 수립되었다. 5·16 군사 정변 이후 1962년 국민 경제를 계획적으로 발전시키기 위해 경제 개발 5개년 계획을 시행하였다. 화학·철강·기계 공업 건설에 의한 산업의 고도화를 목표로 한 제2차 경제 개발 5개년 계획이 시행되던 1968년에 포항종합제철소가 설립되었다. 국내 유일의 고로(高爐, 용광로) 업체로서 포항제철소와 광양제철소를 보유하였고, 2000년 민영화되어 2002년 ㈜포스코(POSCO)로 상호를 변경하였다. 주력 제품에는 열간압연·냉간압연, 후판, 선재, 강편 등이 있다. 1970~1973년 103만t 규모의 포항제철소 제1기 공사의 준공과 함께 가동을 개시하였으며, 총 4기의 고로와 주물선고로 1기, 코렉스로 1기를 보유하고 있다. 광양제철소는 1987년 착공하였으며, 현재 5기의 고로를 보유하고 있다.

이처럼 청동기 시대에서 3,000년이 지난 지금의 주조 기술을 보면, 주조 기술자의 경험과 노하우를 그대로 컴퓨터 제어 시스템에 적용하였으며, 오늘날에는 기술과 경제의 융합이 관건이다. 그러므로 현대의 주조 기술은 '저원가, 고출선'의 고로 조업 기술의 끊임없는 연구와 현장 작업자의 아이디어 및 노하우를 집약한 산물이라고 포스코는 설명하였다.

우리나라의 제강 기술은 청동기 시대부터 독자적 기술을 가지고 발달하였다. 그 기술은 2010년 1월 1만 5,613t을 생산하여 세계 최초로 하루 쇳물 1만 5,000t을 넘어서는 기록을 세우고, 연간 500만t 생산 체제를 구축하였다. 또 광양제철소의 연간 조강 생산량은 단일 제철소로는 세계 최대 규모이다.

최고의 제철 기술은 우리나라 고유한 기술로서 기반 산업을 지탱해 준다.

03

5,000년의
섬유

우리나라는 2018년 섬유 산업 업체 수가 제조업 대비 10.5%, 고용 인원은 6.8%를 점유한 세계 10위의 섬유·의류 수출국으로, 섬유 소재 수출 세계 7위, 의류 수출 세계 34위이다. 사실 섬유 패션 산업은 단일 산업 최초로 수출 100억 달러를 달성하였고, 1987~2001년까지 매년 100억 달러 이상의 흑자를 기록하였다.(www.kofoti.or.kr)

우리나라는 삼국 시대부터 섬유 수출국이었으며 섬유 기술자를 해외에 파견하였다. 고구려의 주요 교역품에는 옷감이 있었고, 백제에서는 403년에 봉의 공녀를 일본에 보내 기술을 전수하여 이때부터 일본에서 옷을 만들어 입었다. 백제 화공인 사라아는 일본에 건너가 회염 기법을 전수하기도 하였다. 신라는 28승포(升布), 26승포, 20승포, 16승포, 15승포, 12승포 등 다양한 베를 생산하였을 뿐만 아니라 329년에 1,460필의 견직물을 일본에 수출하였다. 일본의 정창원에는 신라 8세기의 색전과 채전 등의 펠트로 만든 깔개 삼십여 장이 보관되어 있다. 이처럼 우리나라는 1,600년 전부터 섬유를 수출하였다.

청동기 시대 유적인 4,000여 년 전의 평안북도 강계시 공귀리 유적에서 흙으로 빚어 만든 수직식 직기의 추가 발견되었다. 만주 집안현 마선구 1호 고

◐ 〈성장 동력의 섬유〉 (65.2×50.0cm, Mixed media on canvas, 2020)

구려 벽화에는 경사직기가 묘사되어 있다. 직기의 전면에 직조자가 앉아 있고, 아래에는 두 개의 답목이 보인다. 이 직기는 경사직기와 유사하다. 평안남도 용강군 대안리 제1호 묘의 남벽에서 고구려의 기직도가 발견되었다. 고려 시대의 직기에 관해서는 정확한 자료가 아직 발견되지 않았고, 조선 시대의 경우 김홍도의 풍속화를 통하여 직조기를 만날 수 있다.

『삼국사기』에 따르면 견직물 종류가 27종인데, 기본적으로 주(紬), 견(絹), 사(絲), 능(綾), 나(羅) 등이 있었다. 나직류에는 비단 나직, 가늘고 섬긴 나직, 거친 나직, 야초라, 베, 신라직, 월라, 승천 나직 등이 있었다. 또 응직류에는 잔무늬 능직, 중문 능직 등, 견직류에는 거친 견직물, 엷은 견직물, 거친 견포 등, 명직류에는 명주, 주포, 거친 명주포 등이 있었다.

모 섬유 제품에는 구유, 탑등, 모담, 전 등의 깔개류와 계, 갈 등의 모직물 품종이 사용되었다. 인피 섬유 직물에는 저포(모시)와 마포(베)가 있으며, 산지와 용도, 특성 등에 따라 다양하게 명명되었다. 면직물은 백첩포, 목면, 면포, 목 등이 고대 문헌에 기록되어 있으며, 일반적으로는 무명이라고 한다. 인피 섬유 직물과 면직물은 경사 꼬임 조직으로 제직된 일부의 직물을 제외하고는 거의 평조직으로 제직되었으며, 섬세도에 따라 구분되었다.

우리나라에서 옷감에 염료로 물을 들여 무늬를 표현한 역사는 아주 오래되었다. 삼국 시대에는 채회염뿐만 아니라 방염 기법에 의한 힐염(纈染)과 판을 조각하여 염료를 찍어 염색하는 인염(印染) 등의 양염 기법이 사용되었다. 신라의 직관에는 염색을 전문적으로 관장하던 부서가 설치되어 있었다. 염색을 총괄적으로 관장하던 염궁(染宮)이 있었고, 염료를 거두어들이는 찬염전(攅染典)이 있었으며, 홍전(紅典), 소방전(蘇房典), 채전(彩典) 등으로 세분화되었다.

고려 시대에는 염색을 관리하던 도염서(都染署)가 있어 각 색으로 염색하는 일을 맡아 하였으며, 공조서(供造署)에는 염장(染匠)을 포함한 홍혜장(紅鞋匠), 주홍장(朱紅匠), 황단장(黃丹匠), 장치서(掌治署)에는 금박장(金箔匠) 등도 있었다.

조선 시대에는 침염에 의한 단일색의 염색이 많아졌으며, 조선 후기에는 인금에 의한 금막을 많이 하였다.(심연옥, 2002)

또 우리 민족은 의복을 만드는 봉제 기술과 수를 놓는 손재주가 뛰어났다. 고구려의 벽화를 보면, 멋있는 커튼과 양산을 든 덧깃의 주름치마를 입은 귀부인, 절풍모를 쓴 신사를 만난다. 고려 시대에는 화려한 색의 옷감, 색을 배려하였을 뿐만 아니라 옷감의 질감도 다양하게 나타난 한 귀부인의 옷에서 그 시대의 멋을 알 수 있다. 보자기 하나에도 색과 문양이 아름다움을 추구하였고, 독특한 수와 의복들에서 조선 시대의 문화를 읽을 수 있다.

우리 민족은 모자도 잘 만들었다. 고구려인의 절풍모로부터 조선의 갓에 이르기까지, 다양한 모자를 보게 된다. 조선을 방문했던 프랑스의 한 민속학자는 1892년 프랑스 여행 잡지에 "조선은 모자 왕국이다. 세계 어느 나라에서도 이 나라처럼 다양한 모습의 모자를 지닌 곳은 없다."라는 내용의 조선 방문기를 기고하기도 하였다. 그 정도로 조선 시대에는 신분, 직업, 용도에 따라 다양한 종류의 모자가 존재하였다.(www.bok.or.kr)

우리나라는 섬유의 나라이다. 우리나라가 노동 집약적인 산업 구조였을 때, 섬유는 부가가치가 높은 산업이었다. 이러한 영광을 되찾기 위해 섬유 산업 분야의 노력은 아직도 진행 중이다.

04

건설과 건축의
우수성

우리나라를 여행하다 보면 불과 반년 전에도 없었던 새로 뚫린 도로를 만나게 되는 것이 다반사이다. 천정에 환풍기를 수없이 매단 기다란 터널, 멋들어진 교각을 가진 다리 등을 서너 개 지나가다 보면, 반듯한 길을 만들어 낸 솜씨에 반하게 된다. 이와 같이 우리나라는 9만 9,600km²의 국토에 2019년 12월 현재 1만 602개의 고속국도, 교량 3만 5,902개소, 터널 2,682개소를 건설하였다. 터널과 교각의 건설은 산과 골짜기가 많은 우리의 지리적 여건에서 비롯된 것이다.

내수 경기가 부진할 때 건설 및 건축 경기를 활성화하듯이, 건설 및 건축은 우리 경제의 위기를 돌파해야 할 경우에 늘 그 역할을 다해 왔다. 이는 조선 시대의 영조 때에도 나타나는데, 청계천 준설 작업은 실업자를 구제하기 위한 정책이었다. 또 해외 건설 사업도 경제적 국가 위기를 모면하게 해 주었다.

우리 민족의 건설 및 건축 기술은 청동기 시대의 고인돌을 만드는 기술에서부터 출발한다. 고창의 매산리 고인돌은 2008년 현장 조사 결과 1,550여 개의 고인돌이 널려 있는데, 남의 집 담장 안에도 있고 길가에도 있었다. 고인돌은 현대의 크레인으로도 운반하기 어려운 거대한 바위를, 놓아야 할 장

⊙ 〈건설의 미, 궁남지〉 (60.5×50.0cm, Mixed media on canvas, 2017)

소에 수만 배, 아니 수십만 배보다 더 적은 돌을 몇 개 이용하여 괴어 놓은 것이다. 이 형태가 수천 년이 지난 지금까지도 그대로 보존되어 있다는 사실이 놀라울 따름이다. 2000년에 유네스코 세계문화유산으로 등록된 고인돌은 447기가 총 6개 구역으로 구분되어 약 1.8km²의 공간에 밀집되어 있다.

우리의 건축 기술은 그 당시의 건축 구조 기술을 잘 나타내는 고분에서 확인된다. '동양의 피라미드'라 불리는 장군총은 중국 집안현에서 가장 그 외형이 잘 보존되어 있는 유일한 석봉묘이다. 화강암 표면을 정성 들여서 가공한 절석(切石)을 7단의 스텝 피라미드형으로 쌓았는데, 기단(基壇)의 한 변 길이는 33m이며, 높이는 7층 아파트와 비슷한 13m이다. 4세기 후반에서 5세기 전반에 조성된 것으로 보이는 이 장군총은 1,600년이 지난 지금도 기울어지지 않고 잘 보존되어 있다.

우리 민족은 성을 구축하는 데 으뜸인 건축 기술을 갖고 있다. 성곽은 우리 선조들이 진행했던 토목 공사의 대부분을 차지하고 있으며, 가장 큰 규모의 토목 공사이다. 성곽을 이루고 있는 여러 요소, 예를 들어, 성벽 구성, 성문 구조, 수문과 수구, 치(雉)와 곡성(曲城), 여장(女墻), 옹성(甕城) 등에 소요되는 모든 기술은 오늘날에도 정확한 기술적 속성이 밝혀지지 않은 분야가 대부분이다. 그만큼 경험의 축적이 끊임없이 반영된 성곽은 왜와 여진족, 거란족, 몽골족, 중국 한족 등 이민족의 침입으로부터 민족을 지켜 준 보루였을 뿐만 아니라 그 당시 기술 문화의 축적물이다.

고구려의 국내성은 동서 약 800m, 남북 600m의 넓이를 가진 지역에 성벽 밑의 두께가 약 10m, 윗부분은 3~5m이다. 높이 5~6m 정도의 석축으로 쌓았으며, 성벽의 허리 하부는 점차적으로 돌을 바깥으로 내쌓아서 견고하면서 안정하도록 만들었다.(차용걸 외, 2002)

백제의 위례성 시대에는 한강 남쪽을 중심으로 풍납토성과 몽촌토성, 남한산성, 이성산성, 아차산성이 축조되었다. 신라 삼년산성의 견고함에서는 우리 건축술의 경지를 가늠해 볼 수 있다.

　정조 대왕의 원대한 꿈과 '실학의 거두' 정약용의 설계가 이루어 낸 '화성'은 5.4km²의 성곽에 24개의 독특한 건물을 건설한 신도시 프로젝트의 산물이다. 공사 기간만 10년으로 계획을 세웠으나, 이를 2년 9개월로 단축시켜 놀라움을 자아낸다. 또 성과 건축물의 아름다움은 화성의 가치를 더욱 빛내 준다. 현대의 건설 장비로 『화성성역의궤』(華城城役儀軌)에 나타난 화성을 복원하면 2년 9개월보다 더 걸린다고 하니, 조선 시대 건설 및 건축 기술의 우수성에 감탄할 따름이다. 이러한 기상은 뛰어난 건설 및 건축 기술의 장인들, 기술자들, 노역자들, 다시 말해 우리 모두의 정신력이다.

　1994년의 성수대교 붕괴, 1995년 삼풍백화점 붕괴로 인하여 국내 건설업계의 설계 시공 및 유지 관리상의 결함, 부실시공 등의 불합리성이 적나라하게 드러났다. 해외에서 건설 및 건축 기술에 대한 한국의 지명도가 높음에도 불구하고, 국내의 사회적 구조에서 비롯된 대규모 참사들은 그 명성에 먹칠을 하였다. 그 이후 건설업계는 순수 국내 기술로 서해대교, 광안대교를 완공하고, 청계천 복원에 성공하여 그 명성을 되찾을 수 있었다.

　8세기 중엽, 김대성이 만든 석굴암은 통일 신라 시대의 건축 기술과 조형 예술의 극치를 보여 준다. 우리나라는 삼국 시대부터 기술과 예술이 융합된 건설 및 건축 기술을 보유해 왔다. 고려 시대의 무량수전, 해인사, 조선 시대의 창덕궁, 종묘, 진남관 등의 건축물에서 우리 조상의 예술과 건축의 아름다운 어우러짐을 자랑한다.

　부석사 무량수전은 우리나라에서 두 번째로 오래된 목조 건물로, 고려 장인들의 창조성과 완벽성을 대변한다. 무량수전 앞마당 끝에는 안양루라는 누각이 서 있는데, 난간 아랫부분에 걸린 편액에는 '안양문'이라고 쓰여 있고 위층 마당 쪽은 '안양루'라 하였다. 하나의 건물에 누각과 문이라는 이중의 기능을 부여한 것이다.

안양루에 오르면 보이는 풍경은 그야말로 웅장함 그 자체이다. "발 아래로는 부석사 당우들이 낮게 내려앉아 마치도 저마다 독경을 하고 있는 듯한 자세인데, 저 멀리 산은 멀어지면서 태백산맥 연봉들이 남쪽으로 치달리는 산세가 일망무제로 펼쳐진다. 이 웅대한 스케일, 태백산맥 전체가 무량수전의 앞마당인 것처럼 끌어안은 것이다."(유홍준, 『나의 문화유산 답사기 2』, 창비)

또 지붕 양식을 각각 달리한 것에도 비밀이 숨어 있다. "범종각은 그 건물의 방향이 여느 건물과는 달리 측면으로 앉아 있다. 건물의 지붕은 한쪽은 맞배지붕을 하고 있고, 다른 한쪽은 팔작지붕이다. 팔작지붕을 한 쪽이 정면을 향하고 있고 맞배지붕이 뒤쪽을 향하고 있는데, 무량수전 앞에서 바라보면 왜 목수가 지붕을 그렇게 놓았는지를 알 수 있으며, 그 지혜에 절로 감탄이 난다. 부석사는 소백산맥을 향하여 날아갈 듯이 앉아 있는데, 범종각이 정면을 향하고 있으면 건물이 전반적으로 무거워 보인다. 따라서 범종각을 옆으로 앉혀 놓고 뒷쪽을 맞배로 처리하여 건물이 전반적으로 비상하는 느낌을 주고 답답해 보이지 않게"(유홍준, 『나의 문화유산 답사기 2』, 창비) 하였다.

국토가 주는 진로유산 중에서 다양성과 심미성 못지않은 건설과 건축 기술이 사회 안전망과 연계되어 있다는 점도 매우 흥미로운 대목이다.

○ 〈아름다운 건축, 부석사〉
　(80.3×116.7cm, Oil on canvas, 2020)

05

제지술과 인쇄술의
자부심

경주 불국사 석가탑에서 나온 『무구정광대다라니경』(無垢淨光大陀羅尼經)은 706년에 찍은 것으로 추정되는 세계 최고(最古)의 목판 인쇄물이다. 고려의 『직지』는 세계 최초로 금속 활자로 인쇄한 간행물이다. 또 5,000만 자로 된 '팔만대장경'은 1995년 유네스코 지정 세계문화유산으로 등록되었다. 이처럼 인쇄술에서 우리 민족은 독보적인 기술을 갖고 있는 데 비해, 오늘날에는 이런 업적에 비길 만한 성과를 찾아보기 힘들다.

우리의 뛰어난 인쇄 기술들은 지금 어디에 있는 것인지 고민하고 있을 때, 우연히 우리 화폐를 관찰하게 되었다. 정교하고 예술적인 감각으로 다양한 방지 기법까지 곁들인 만 원권 지폐를 보면서, 선조들의 우수한 인쇄 기술이 지폐에 반영되어 있음을 확인할 수 있었다.

화폐는 위인과 관련된 우리 문화재와 고유한 문양을 배경으로 하여 앞면은 위인, 뒷면은 위인과 관계된 건축물이 그려져 있다. 뒷면에 그려진 건축물은 지폐 아랫부분을 놓고 윗부분을 천천히 들어 올려 보면 입체적으로 드러난다. 여기서 우리 인쇄 기술의 우수성을 엿볼 수 있다. 우리 지폐는 수십만 장을 보아도 동일한 규격의 여백을 보여 준다. 하지만 미국 지폐를 보면, 오래 사용한 것은 인물 그림이 파손되는 현상을 보일 뿐만 아니라 지폐 여백의

○ 〈한국의 종이와 인쇄〉 (72.7×91.0cm, Oil on canvas, 2020)

규격도 각각 다르다. 우리 지폐는 고유의 다양한 문양을 도안으로 삼았고, 역사적 위인들을 모신 세계에서 가장 아름다운 지폐라는 평가를 받고 있다.

화폐는 그 자체가 회화·조각의 미적 감각과 정교한 인쇄 기술이 결합된 정교한 종합 예술품이다. 디자인, 제지, 잉크, 인쇄 분야에서 당대의 최고 기술이 적용된다. 종합 예술품인 화폐 제조에는 여러 첨단 기술과 용지·잉크·인쇄 장치의 최적 조합을 빚어내는 정밀함이 요구된다. 그래서 자기 나라의 은행권을 자국 인쇄 시설로 제조하는 국가는 40여 개국에 지나지 않는다. 거기에다 우리나라처럼 은행권 인쇄는 물론 인쇄용지를 자체 해결하는 국가는 20여 개국에 불과한 실정이다. 도안 결정에서부터 최종적으로 화폐가 태어나기까지는 1년 6개월 이상이 걸린다. 만 원권 지폐에 사용된 위조 방지 요소는 ① 숨은 그림, ② 돌출은화(SPAS), ③ 앞·뒤판 맞춤, ④ 볼록 인쇄, ⑤ 점자, ⑥ 형광색사, ⑦ 형광 잉크, ⑧ 부분 노출 은선, ⑨ 시변각 잉크(OVI), ⑩ 미세 문자, ⑪ 숨은 숫자 등이다. (www.bok.or.kr)

현대의 종이 종류를 살펴 보면, 신문용지, 인쇄용지, 위생용지, 골판지 판지 등이다. 우수한 제지술을 갖고 있었던 우리나라는 생산 활동과 문화생활에 필요한 소재 산업인 종이의 중요성을 감안하여 자급 체제를 견지하고 있다. 고액의 설비 투자가 필요한 자본 집약적 장치 산업으로서, 제지 산업은 제조업에서 차지하는 비중이 점점 높아지고 있는 추세이다. 양지는 우리나라에 도입된 지 100년 남짓하다.

한지(韓紙)는 닥나무 껍질로 만든 순수한 우리나라 종이로서, 두껍고, 질기고, 수명이 길며, 부드럽고, 탄력이 있으며, 보온성 때문에 부채, 우산, 연 등은 물론이거니와 종이솜, 종이 갑옷, 종이 신발, 종이 배자, 종이 망태기, 바구니, 안경집, 그릇, 요강, 종이장, 휴지통 등 다양한 생활필수품으로 사용하여 문필 외적인 용도가 우리나라만큼 발달한 나라도 없다. (국립민속박물관, 1995)

『무구정광대다라니경』은 우리나라 최고(最古)의 지류(紙類)로, 경문은 폭 6.5 ~

6.7cm, 각 행의 글자 수를 7~9자로 새긴 닥종이 12장을 이어 붙인 두루마리이며, 총길이 620cm에 달하는 소형목판권자본(小形木板子本)이다. 1,250년 동안 보존되어 있음을 보건대 우리 한지의 우수성을 알 수 있다.『일본서기』(日本書紀)에 고구려 승려 담징이 610년에 일본에 건너가 채색과 종이, 먹, 연자방아 등의 제작 방법을 전했다는 기록이 있어 우리 제지술의 수준을 보여 준다. 한편 755년에 제작된『백지묵서화엄경』(白紙墨書華嚴經)은 백지 30매를 연결한 길이 14m, 폭 29cm의 두루마리이며, 자색 닥나무종이에 금은니로 변상도를 그리고 묵자로 경문을 썼다. 또 일본 정창원에 소장된 신라 서원경 4개 촌락의 민정 문서 역시 한지로 작성되어, 한지가 통일 신라 시대에 들어와서 더욱 일상화된 사실을 짐작하게 한다.

『고려사』「식화지」(食貨志)에 따르면, 고려 시대에는 10개 수공업 관청에서 지장(紙匠)은 중상서에 소속되었다. 명나라 도융(屠隆)은 고려지에 대해 "견면(繭綿)으로 만들었으며, 빛은 희고 비단 같다. 단단하고 질기기가 비단과 같으며, 여기에 글씨를 쓰면 먹빛이 아름다운데, 이것은 중국에서 나지 않기 때문에 진기한 물품이다."라고 극찬하고 있어 고려 제지술의 우수성을 뒷받침해 준다.

조선 시대에는 한지의 수요가 많아지자, 태종 15년(1415)에 처음 조지소(造紙所)로 출발하여 세조 11년(1465)에 조지서로 개칭되었다.『세종실록지리지』에 따르면, 함경도를 제외한 전국에서 닥나무가 생산되고 있었다. 또『조선왕조실록』(朝鮮王朝實錄)의 편찬과 지지류의 집성 및 법전과 농서와 의학서의 간행 사업이 활발해지면서, 조선 시대에 한지의 수요는 급격한 성장을 보였다. 1884년 서양식 종이와 근대화된 인쇄술이 도입됨에 따라, 전통 한지는 명맥은 유지되고 있지만 수요층이 제한되어 있다.(국립민속박물관, 1995)

인쇄 기술의 탁월함과 함께, 문필용뿐만 아니라 그 밖의 용도에서도 두루 쓰이는 우리 한지의 제지술이 보존되고 발전될 수 있는 기회도 제지 산업의 발전과 연결되어 있다.

06

세계 최강의
조선술

삼면이 바다라는 사실은 항만의 발달을 의미한다. 신라 시대 장보고가 청해진을 거점으로 중국, 일본을 잇는 무역항을 개척할 때부터 우리나라 항만의 역사를 알 수 있다.

우리나라는 항만의 물류 시스템 발달을 가져왔고, 21세기에는 동북아 해양물류 시스템 구축에 매진하고 있다. 우리나라의 고대 항로는 인천의 능터대이며, 이는 백제의 대중국 항로이다. 강화의 현구진은 신라의 대중 항로이며, 완도의 청해진이 있다. 고려의 항만은 예성항과 세미를 모은 13개 도세창이 있었다. 조선의 항만은 삼포(부산포, 염포, 제물포), 마산 정경 성항포, 영상포에서는 목재를 실어 날랐다.

우리나라 삼면의 바다는 각기 독특한 면을 보여 주는데, 이는 이순신 장군의 업적에서도 알 수 있다. 이순신 장군이 뛰어난 조선 기술을 지닌 나대용 장군과 함께 거북선을 만든 곳으로 알려진 여수의 선소에 가 보면, 넓은 바다에서는 이미 바다가 끝난 지점같이 보이는 후미진 곳에 위치하고 있어 군사상 전략지로서 손색이 없다. 또 임진왜란 당시 섬과 섬 사이에 쇠사슬을 매어놓아 적군의 배가 지나갈 때 걸리게 하였으며, 넓은 바다에서 보면 바다가 이어지는 듯한 곳으로 적을 유인하여 몰살시키는 등 우리나라 해안

○ 〈해양의 총산, 진남관〉 (50.0×60.5cm, Mixed media on canvas, 2018)

○ 〈선박 강국, 한국〉 (72.7×53.0cm, Oil on canvas, 2020)

을 이용한 전략들을 선보였다.

2018년 현재 우리나라에는 31개 무역항과 29개 연안항이 있다. 2017년 현재 선박 입출항은 총 19만 5,058척이며, 이중 외항 8만 4,079척, 내항 11만 0,979척이다. 항만 물동량을 보면 2018년 현재 부산 3억 6,236만 9,000t, 광양 2억 8,310만 6,000t, 울산 1억 9,761만 1,000t 순이다. 물동량 품목을 보면, 유류 29.8%, 유연탄 9.4%, 관성 9.4%, 자동차 6.6%, 기계류 6.2% 순이다.

울산 반구대 암각화에는 6,000년 전에 고래 사냥을 할 수 있는 돌로 만든 작살, 돌로 만든 그물추, 부구 등이 보인다. 그리고 20여 명이 탄 배, 고래에 접근하는 배, 작살을 꽂는 포수, 고래를 끌고 가는 배 등을 새겼다. 거친 바다에 나가 고래를 잡으려면 배를 만들어야 한다. 배는 어떻게 만들었을까?

먼저 ① 휘어진 지름이 1미터가 넘는 나무를 구하고, ② 나무에 뜨거운 물을 부어 오래 불린 다음, ③ 돌자귀로 나뭇길을 따라 속을 파내고, ④ 나뭇결을 거슬러서 파야할 곳은 불로 지지며, ⑤ 20여 명이 탈 수 있도록 속을 판 여러 개의 나무를 연결한다.(KBS 역사스페셜, 1999; 한국생활사박물관 편집위원회, 2000; 국립청주박물관, 2000; 집필자가 재구성)

삼국 시대에 와서 주변국과의 활발한 무역은 육지와 바다를 통한 물류 시스템을 발달시켜 국가를 부강하게 하였다. 청해진은 장보고의 활동 무대이기도 하였다. 장보고의 교관선(交關船)은 청해진 대사의 무역선이며, 해외 무역을 담당하였다. 교관선은 ① 갑판 위에 선실을 설치한 누선형 선박이며, ② 평저 구조선이고, ③ 두 개 이상의 돛대를 갖춘 다외선이다.

고려 배는 강도가 보장되도록 선체 구조가 구조 역학적으로 튼튼하게 되어 있어서, 배가 서로 부딪칠 때 파괴되지 않았고 공정이 간단하여 조선 속도가 빨랐다. 고려 배가 매우 튼튼했다는 사실은 중국 문헌에도 나타나 있다. 그 당시 3만 명의 배를 만드는 공장(工匠)이 있었고, 짧은 기간 내에 튼튼한 대량의 배를 건조하여 조선 기술이 높은 수준이었음을 보여 준다.

고려 시대 군함으로서 대표적인 것은 대선(大船)이라는 큰 군함과 과선(戈船)이다. 큰 군함의 길이는 약 30m이다. 과선은 당시 중요한 전투 함선의 하나로 크고 갑판이 넓은 구조선이며, 넓은 갑판에 각종 전투기재들을 장비하였으므로 전투력도 뛰어났다. 과선의 장비로서 특히 주목할 것은 뱃머리에 갖추어져 있는 강력한 공격 수단인 쇠뿔이다. 뱃머리의 쇠뿔로 적선의 홀수선 아래를 들이받아 침수되도록 치명상을 입힌 다음 적과 싸우는 독특한 전법을 사용하였다. 쇠뿔로 적선을 들이받는 '충파 전법'은 고대 그리스와 로마에서 일부 적용되었으나, 동방에서는 우리나라가 처음이다. 이러한 구조와 전법이 후일 거북선의 앞머리에 있던 용대가리로 발전했다고 볼 수 있다.

『세종실록지리지』에 따르면, 조선은 군선의 종류만도 대선, 중대선, 중선, 병선, 쾌선, 맹선(孟船), 중맹선, 별선, 무군선, 선, 왜별선, 추왜별선, 추왜별맹선 이렇게 13종에 이른다. 이순신 장군이 임진왜란에 활용한 군선은 판옥선, 거북선, 사후선(伺候船) 또는 협선(挾船)이다. 이순신 장군이 해전에서 승리를 거둔 데에는 탁월한 전략이 주효하였으며, 우리나라 배도 한몫을 하였다. 판옥선의 배 밑은 편편하기 때문에 공격한 그 자리에서 180도로 전환하여 치고 빠지고 다시 치는 속도가 빨랐다. 그러나 일본 배는 밑이 뾰족하기 때문에 넓게 돌아 나오는 반경이 컸다.

삼면이 바다인 것이 우리나라 조선업 발전에 중요한 요인으로 작용하였다. 2005년에 7,000년 된 배가 발굴되어 우리 조선 산업의 긴 역사가 증명되었다. 그전까지는 6,000년 전의 울산 반구대에 그려진 배에서부터 안압지에서 출토된 신라 시대 배, 신안 앞바다에 침몰된 고려 배 등에서 그 역사를 엿볼 수 있었다.

2020년 우리나라 선박 보유량은 세계 5위이고, 선박 건조량은 2019년 12월 현재 1위이다. 이는 고조선부터 이어져 내려온 우리의 전통적이고 경쟁력 있는 기술이 조선술임을 보여 준다.

07

금속 공예의
극치

우리 민족의 손재주를 잘 보여 주는 역사적 유물 중에는 금속 공예품이 많다. 고조선의 청동거울, 고구려의 불꽃무늬 맞새김 금동관, 백제의 금동 대향로, 가야의 청동 띠고리, 신라의 금동 전각형 사리함, 발해의 청동 부절, 고려의 청동 은입사 포류수금문 정병, 조선의 백동 화로, 떨잠에서 독특한 디자인과 화려함, 기법의 섬세함, 조형 예술성을 엿볼 수 있다. 독창적인 디자인은 우리 민족의 창의성에서 비롯된 것이며, 기법의 섬세함은 젓가락 문화에 기인한 것이고, 예술성은 멋을 아는 민족의 기품에서 연유된 것이다.

우리의 금속 공예는 고대부터 발달하였다. 청동 제품으로는 비파형 단검, 비파형 창, 좁은 놋단검, 좁은 놋창끝과 버선코 모양의 도기, 말관자를 비롯한 수레 부속과 마구류, 바리, 단지, 잔줄무늬 거울, 반지, 팔찌, 방울 구슬 등의 생활용품과 장신구에서 찾아볼 수 있다. 특히 고조선의 금속 공예에는 진취적 기상과 예술적 기품이 담겨 있다. 2,000년 전에 지름이 약 20m 인 원 안에 1만 3,300개의 원과 직선의 기하학적인 도형을 새겨 넣은 솜씨는 그저 놀라울 따름이다.

공주의 무령왕릉에서는 금속 공예의 진수를 만날 수 있다. 금제관식, 금제 뒤꽂이, 금제 귀걸이, 허리띠 장식, 금동 신발, 베개와 발받침, 환두 대도,

목걸이, 은팔찌, 장도, 동탁 은잔 등이 출토되었다. 정교하고 섬세한 문양과 다양한 기법은 백제 금속 공예의 우수성을 보여 준다. 금속 공예는 주금, 단금, 조금의 기법을 주로 사용하고 있으나, 백제 무령왕릉에서 출토된 금속 공예품은 매우 다양한 기법으로 제작되었다.

삼국 시대의 금관, 귀걸이, 목걸이 팔지, 반지, 띠고리, 요패, 비녀, 신 등에서 나타난 귀금속 공예는 우리를 더욱 놀라게 한다. 고구려의 불꽃무늬 맞새김 금동관이 백제나 신라에서는 어떻게 변화하여 금관으로 표현했는지를 알 수 있게 한다. 백제 금동 대향로는 첨단 합금 기술, 섬세한 조각, 조형미, 독창성 등이 어우러진 백제의 최고 걸작품이다. 전 세계 유물 중에서 금으로 만든 유물이 가장 많이 출토되어서 신라를 '황금의 나라'라 한다. 신라 감은사 동탑 「사리장엄 내함」은 25cm에 0.3mm의 금알갱이와 0.04g의 풍탑 등 섬세한 가공 기술의 극치를 보여 주었다. 철을 자유자재로 다루어 온 가야, 독특한 형태의 청동 부절을 만든 발해의 면모에서 또 다른 금속 세공 유물을 볼 수 있다.

고려는 발전된 과학 기술, 조형 예술의 성과를 토대로 금속 공예를 발전시켰다. 금, 은, 철의 생산을 늘리고 그 가공법을 발전시키면서 금속 제품을 창조하였다. 고려 금속 공예 가운데 입사 공예는 세련된 입사 기술을 보여 준다. 고려 시대는 거울 발전의 전성기였다. 직경 17~19cm도 있고, 29cm가 넘는 것도 있으나, 9cm 정도밖에 되지 않는 것도 있다. 고려는 투각, 입사, 누금(鏤金, 맞물려 쌓이게 만든 금장식), 돋을새김, 오목새김, 선새김 기법들이 발달하였다. 고려는 다양한 기법을 능숙하게 활용함으로써 우리 민족의 금속 공예 기법 발전에 크게 이바지하였다.(과학백과사전종합출판사, 2001) 고려의 '청동 은입사 포류수금문 정병'은 납형 주조법을 이용한 정교한 은입사 상감 기법으로 장식하여, 한국 금속 공예의 높은 수준을 보여 준다. 그리고 입사한 문양의 아름다움과 조형미가 작품의 가치를 더해 준다.

◐ 〈금속 공예의 극치〉 (80.3×100.0cm, Oil on canvas, 2020)

조선 시대에는 이전보다 훨씬 다양한 작품들이 만들어졌다. 맵시 있고 화려한 고려 시대의 금속 공예품과 달리, 기물의 형태, 장식에서 허식과 과장이 없고 대범한 솜씨를 보여 주면서 소박하고 자연스러운 감을 준다. 금속 제품의 종류는 농구, 식기류, 혼례 용구, 제례 용구, 종교 관계 기구, 등잔류, 난방 용구, 문방구 등 다양하며, 금, 은, 동, 철, 주석, 연, 각종 합금과 같은 재료로 단조, 조금, 도금 등의 방법으로 제작되었다. (과학백과사전종합출판사, 2001)

우리 금속 공예를 보면 제일 먼저 작품마다 기품이 서려 있는 것을 느낄 수 있다. 이와 같이 독창성과 예술성, 조형미와 디자인, 멋과 기품, 섬세함과 화려함, 가공 기술과 세공 기법 등이 어우러진 금속 공예는 우리 예술을 대변한다.

08

우아하고 아름다운 도예

우리는 고려 비취색의 청자와 조선의 순백색 백자를 자랑스러워한다. 빛과 자태에서 베어 나오는 우아함이 은은하기 짝이 없어 마치 혼이 배어 있는 듯한 착각을 하게 만드는 자기들! 남송 시대의 태평노인이 편찬한 『수중금』(袖中錦)에서도 "감서…… 하국겸, 고려 비색·홍화군지어…… 모두 천하제일의 것이다.'"라고 하였다. 북송 때 여관요(汝官窯) 청자의 비색이 그 절정기에 이르렀을 때에도, 북송의 지식인들이 고려청자의 아름다운 색과 자연스럽고 유연한 형태의 아름다움을 높이 평가하였다.(국립중앙박물관, 2000)

자기의 발단은 선사 시대 토기에서 비롯된다. 토기가 나타나기 시작한 시대는 신석기 시대이다. 신석기인의 삶과 죽음 속에서 나타나는 신석기 시대 토기들은 흙의 예술 그 자체였다. 그 당시 사람들은 미개했다는 생각 때문에, 신석기 시대의 토기가 단순한 흙으로 빚는 토기이며, 중고등학교 교과서에 소개된 바와 같이 오직 빗살 문양을 나타낸 빗살무늬 토기뿐이라고 오해하기 쉽다. 그러나 국립중앙박물관에서 항아리, 잔, 접시, 보시기, 대접, 접시, 관, 시루, 제기, 주전자, 화로, 향로, 합, 마개, 신선로 등 다양한 크기와 모양의 토기를 만나고, 이는 잘못된 생각임을 알게 된다. 적색, 적갈색, 황색, 흑색, 흑갈색, 회색, 회청색, 갈색, 미색, 진록색 등 아름다운 색조, 지금

보아도 세련된 공열문, 융기문, 구연문, 즐문 등의 미적 문양 구성을 만나고 나서, 이러한 선입견이 얼마나 유치한 것인지를 깨닫는다.

신석기 시대 토기의 경향은 크게 9,000~5,500년 전까지 지속된 선즐문 토기 문화와 8,000~3,000년 전까지 지속된 즐문 토기 문화로 나뉜다. 선즐문 토기는 융기문 토기와 압문 토기, 즐문 토기는 전기 즐문 토기와 후기 즐문토기로 구분된다. 주로 색은 구울 때 불의 온도와 닿는 면에 의해 붉은 색에서 미색에 이른다.

청동기와 초기 철기 시대는 무문 토기 시대로 분류되며, 대체로 3,000~2,000년 전쯤으로 추정한다. 이때부터 토기 모양이 다양한 형태와 적색·갈색·흑색 등 뚜렷한 색의 구현을 보이며, 구체적인 생활 용기의 세분화된 모양이 돋보인다. 위만 조선 건국 전후 2,200~2,300년 전 서북 지방에 도달한 것으로 보이는 타날문 토기 제조 기술은 한국적 특색을 여실히 보여주어 우리 고유문화의 특성을 잘 나타내고 있다.

고구려의 토기는 백제, 신라, 가야 지역의 토기에 비해 낮은 온도에서 구워서 경도가 높지 않은 것이 특징이다. 황갈색, 회색, 회흑색 등을 띠고 산화소성, 환원소성이 혼재하였고, 표면은 잘 문질러 광택을 띠고 있으며, 삼국 가운데서 가장 먼저 연유 계통의 저화도 유약을 바른 황유 도기가 제작되었다. 고구려 토기는 일상생활 용기가 대부분이다.(국립중앙박물관, 1997) 백제 토기는 그릇 표면을 두드려 그릇 벽을 만드는 타날문 수법으로 만든 다음 환원 소성으로 제작한 것이며(국립중앙박물관, 1997), 삿무늬를 보편적으로 사용한 것이 특징이고, 세발토기와 납작바닥 토기를 많이 만들었으며, 특이한 형태의 그릇받침이 있다.(국립부여박물관, 1997) 신라와 가야는 소형 토기를 제외하면 대부분 기벽을 단단하게 두드린 다음, 물레로 모양을 잡아 1,200°C가 넘는 고온의 굴가마에서 구웠다. 적갈색 연질 토기와 회청색 경질 토기로 구분되며, 좁은 의미로는 회청색 경질 토기만을 일컫는다.(국립중앙박물관, 1997) 장식

◉ 〈선과 색의 만남, 도예〉 (53.0×72.7cm, Oil on canvas, 2020)

토우는 신라 토기에서 가장 많이 나타나는데, 그 전통이 신라에서 발달한 것으로 볼 수 있으며, 1,400년 전의 토기에서 많이 보인다.

우리나라의 경우 7,000년 전에 토기를 만들기 시작하면서부터 통일 신라에 있었던 토기 제작 기술을 바탕으로 중국 절강성 월주요에서 전해진 자기 제작 기술에 의해 자기가 만들어졌는데, 이는 다른 나라보다 훨씬 앞선 것이다. 고려 초기인 10~11세기에는 강진요(康津窯)와 부안요(扶安窯) 등에서 청자를 만들었으며, 12세기 무렵에는 비취색의 청자, 백토(白土)·자토(紫土)를 밑바탕에 상감하여 청자유를 씌워서 굽는 상감청자(象嵌靑瓷), 유하(釉下)에 철회문양(鐵繪文樣)을 그린 회청자(繪靑瓷) 등도 제작되었다.

고려 후기인 14세기 말에 분청사기가 제작되기 시작하여 조선 시대의 세종 대에 이르러 크게 발전하였다. 그러나 15세기 후반부터 경기 광주 일대에 백자를 생산하는 관요(官窯)가 운영되면서 분청사기의 생산은 점점 규모가 줄어들어 민간용을 주로 생산하게 되었고, 16세기에는 생산이 급격히 줄었다. 분청사기가 완전히 소멸된 16세기 후반부터 조선은 백자를 생산하였다. 백자는 설백색과 회백색, 청백색, 유백색 등이나, 가장 좋은 백자의 색은 푸른 코발트 안료로 문양을 나타낸 청화백자이다. 백자의 아름다움은 조선의 선비를 대표하기도 한다.

현재에는 도예와 관련된 직업을 가진 사람을 도예가라고 부르지만, 역사 속에서는 도예와 관련된 직업을 가진 사람을 '장인(匠人)'으로 칭하였다. 도예는 7,000년 전부터 시작되었고, 6,000여 년 동안 토기가 제작되다가 1,000년 전부터 본격적인 자기를 제작하게 되었다. 고려청자와 조선 백자는 그 당시 무역의 주요 품목으로, 국가를 부강하게 하는 역할을 하였다. 독특한 모양과 빛깔, 다양한 기법의 개발은 지속적으로 이어져 온 장인의 정신에 그 바탕을 두고 있다.

09

독창적인
디자인

현대는 정보화 시대로서 감성과 문화의 시대이다. 현대인은 독특한 개성을 추구하기 때문에 디자인은 상품의 고부가 가치를 추구하는 한편, 국가 발전을 이끄는 차세대 성장 동력으로 부각되었다.

우리나라는 디자인이 독창적이고 뛰어난 유물들이 고대 국가에서부터 발견된다. 우리 민족의 디자인이 뛰어난 것은 예로부터 빼어난 강산에서 그 멋을 알고 즐겼기 때문이다. 자연을 보고 그 아름다움을 표현한 감각적 디자인은 단연 우리의 디자인 산업을 이끄는 핵심적 역량으로 수천 년 동안 이어져 왔다. 생활 곳곳에 녹여 표현한 우리의 디자인은 장인들의 빼어난 미적 감각의 솜씨가 반만년 동안 지켜 내려왔다.

고조선의 청동검 윗부분에는 지배자의 손 모양을 문양으로 넣었는데, 독특한 디자인에서 이 검을 사용한 주인의 권위를 알 수 있다. 고구려에서는 발이 세 개 달린 까마귀인 '삼족오(三足烏)'를 매우 길조로 여겼다. 삼족오를 원 안에 디자인한 금파리 금구를 보면 현대 디자인과 다를 바 없다. 백제의 불꽃 모양 금제 관 장식을 보면, '불꽃에서 느끼는 아름다움이 바로 저런 것이구나.' 하는 탄식이 나온다. 이는 금동 대향로의 화려함과 아름다움의 대표적 백제의 디자인이다. 신라의 디자인은 우리의 상상을 초월하는데, 나무,

◎ 〈화려한 디자인〉 (53.0×72.7cm, Aacrylic Oil on canvas, 2020)

돌, 흙, 금 등을 통하여 구현한 유물들에서 뛰어난 작품들을 보게 된다. 그 중 서수형 토기를 보면 신라의 신비함을 그대로 느낄 수 있다.

가야의 짚 모양 토기는 굽다리 위에 짚신을 만들어 올리고 그 짚신 안에 굽이 달린 잔을 붙인 한 쌍의 토기이다. 짚신을 본떠 만든 상형 토기(像形土器)로, 죽은 이의 영혼을 이승으로부터 저승으로 옮겨가는 의미로 제작된 것이다. 발해의 도깨비 모양 기와를 보면 금방이라도 튀어나올 듯 부리부리한 눈, 크게 벌린 입에 날카롭게 튀어나온 송곳니와 길게 내민 혀, 벌름거리는 코 등 사납고 험상궂은 짐승 얼굴을 형상화하였다. 여기에 짙푸른 녹색 유약까지 입혀져 더욱 기괴한 인상을 주고 있다.(www.museum.go.kr)

고려의 디자인은 금속 공예와 청자에서 그 진수를 볼 수 있다. 특히 청동제 은입사 정병은 뛰어난 작품성을 지닌 한 폭의 그림을 표면에 홈을 파고, 은선을 두드려 박는 기법으로 만들었는데, 여기서 뛰어난 고려의 디자인 감각을 볼 수 있다. 고려청자의 형태와 상감 도안의 미려함은 우리가 익히 알고 있다. 청백자 연적을 보면 소의 등에 탄 남성과 여인의 모습에서 담긴 그리움의 표현이 매우 사실적임을 느낄 수 있다.

조선의 디자인은 선비의 멋을 한껏 풍기며 격조 높은 디자인을 보여 준다. 고려 시대의 디자인을 더욱 발전시킨 조선 시대에는 섬세하고 화려함과 기품이 서린 디자인을 만날 수 있다. 이 당시에는 생활 그 자체가 디자인의 솜씨로 구성되었다. 한복을 더욱 아름답게 하는 노리개와 비녀, 비례미와 구성미가 뛰어난 가구들, 선비의 문구류, 화려한 침구류, 여인네의 화장 도구, 아담한 다과상, 멋스러운 화로, 너무나 자연스러운 다완에서부터 떡과 다식에 이르기까지 멋과 솜씨가 어우러졌다. 건축의 장식, 조각된 돌과 나무에서부터 과학 기구에까지 디자인이 결합되었다.

우리는 고도의 심미성과 다양성 등이 어우러져 디자인에서도 독창성과 아름다움을 추구하는 멋스러운 전통을 지니고 있다.

10

뛰어난 식품
저장 기술

서울시 마포구의 한강변에는 서빙고 등 얼음 창고가 있었다. 한강에 얼음이 얼면 여기 보관하였다가 여름에 사용하였다는 이 큰 건물은 컴컴하기 짝이 없는 곳에 쌀겨가 많이 쌓여 있었던 것으로 기억되는데, 지금은 그 자리에 강변도로가 놓여 있다. 경주에도 얼음 창고가 있어 삼국 시대에도 얼음을 저장하여 사용하였음을 알 수 있다. 우리나라가 부패하기 쉬운 음식을 저장하는 기술이 발달한 것은 봄, 여름, 가을, 겨울의 사계절이 뚜렷하기 때문이다.

우리 고유의 식품으로 외국에서 인기를 누리고 있는 것은 단연 '김치'이다. 우리나라를 대표하는 식품인 김치는 배추, 무, 기타 채소의 주재료에 소금, 고춧가루, 젓갈, 마늘, 생강 등의 부재료를 첨가해서 발효시킨 것으로, 고유의 발효 식품이며 저장 식품이다. 2002년 중증 급성 호흡기 증후군(SARS)에 김치가 효험이 있다는 연구 결과가 있었고, 미국에서는 조류 인플루엔자(AI) 치료 식품으로 효과가 있을 수 있다고 보도하였다. 2020년 코로나19 바이러스 사태에서도 김치가 효능이 있다는 주장이 있었다.

그렇다면 김치에는 어떤 효능이 있을까? 김치를 섭취하면 생체 조절과 소화 촉진, 면역력 강화 등의 효능이 있고, 세균과 염증, 돌연변이, 암 등을 예

○ 〈격조 높은 한국 음식〉 (65.2×45.5cm, Oil on canvas, 2020)

○ 〈저장 문화의 진수, 장독〉 (60.6×72.7cm, Oil on canvas, 2019)

방해 주는 것을 비롯하여, 혈중 콜레스테롤 저하, 상처 치료 등에 효과를 보인다.

김치와 함께 우리 고유 식품을 대표하는 된장 역시 뛰어난 맛뿐만 아니라 여러 가지 효능으로 유명하다. 양질의 식물성 단백질이 다량 함유된 된장은 동맥 경화와 심장 질환을 예방하고 혈액의 흐름을 원활하게 해 준다. 발효 식품 가운데서도 항암 효과가 탁월하며, 된장을 끓인 경우에도 항암 효과는 살아 있다. 대한암예방협회의 암 예방 15개 수칙 중에는 된장국을 매일 먹으라는 항목이 들어 있을 정도이다. 된장은 항암 효과는 물론 암세포 성장을 억제에도 효과가 있다는 것이 밝혀졌다.

우리 고유의 발효 식품인 김치와 된장의 효능을 통하여 우리의 식품 저장 기술과 그 우수성을 알 수 있다.

우리의 '묵'은 다른 나라에서 찾아볼 수 없는 독특한 식품이다. 묵의 대표 격인 메밀묵은 '위장을 튼튼하게 하고 기운을 돋우며, 정신을 맑게 하고 몸속의 노폐물을 배출한다.'고 하였다. 최근에는 메밀이 모세혈관을 강화시켜 뇌출혈을 예방하고, 고혈압, 당뇨 등 성인병에 도움이 되는 것으로 알려지면서 건강식품으로 각광을 받고 있으며, 칼로리가 낮아 다이어트 식품으로도 인기가 있다.

이와 같이 우리 음식은 대체적으로 간단한 요리법에 의해 만들어지기보다는 오랜 시간 말리거나 끓이거나 재어 놓거나 담그는 일들로 이루어져서, 맛은 배어 나오고 음미해서나 알 수 있는 고품격 조리법에 의존한다.

삼국 시대 식생활에 대한 문헌은 거의 없어 알기 어렵다. 고려 시대에는 이규보(1168~1241)의 시문집 『동국이상국집』(東國李相國集)에 "순무를 장에 넣으면 여름철에 먹기 좋고, 청염에 절이면 겨울 내내 먹을 수 있다."라고 하였다. 이것은 순무를 장에 넣은 장아찌형의 김치와 동치미류의 김치로 보이며, 그 당시 김장이 이루어졌음을 알 수 있다.

『고려사』에는 문종 3년(1049)에 매년 6월부터 입추에 이르는 기간에 얼음을 나눠 주되 퇴직한 재상들에게 사흘에 1차씩 주고 복야·상서·경감·대장군들에게는 일주일에 1차씩 주어 이것을 제도로 정착시키라는 기록이 있어 그 당시의 얼음 저장 능력도 가늠할 수 있다.

1670년에 석계부인(石溪夫人) 안동 장씨가 70세에 저술한 『음식디미방』은 1959년에 발견된 것으로, 동양에서 가장 오래된 조리서이다. 안동 장씨는 책 서문에 "열아홉에 시집 온 뒤 오십여 년 동안 나는 많을 때는 한 끼에 이백이나 되는 식객을 치르면서 방간을 돌보았다. 친정에서 익혀 온 약간의 솜씨와 시어머님 진성 이씨의 자상한 가르침이 있었으나 반가의 음식 범절이란 게 워낙 까다롭고 미묘한 것이라 방간에 들어서면 낭패스러울 때가 많았다" (궁중음식연구원, 2000)라 하였고, 146개 조리 중에 35%인 51개가 술 만드는 법을 제시하고 있다. 325년 전에 저술된 이 책은 그 당시에도 저장 발효 식품과 식품 수장법이 대단히 발달하였음을 알려 준다.

1815년경 빙허각 이씨가 지은 『규합총서』(閨閤叢書)에서는 서울 음식을 잘 보여 준다. 이 책에는 첫 편이 술과 음식에 관한 내용으로 장 담그는 법, 밥·떡·온갖 밥반찬 만들기 등을 다루고 있다.

우리의 발효 식품, 저장 방법, 조리법은 사계절마다 다르고 음식이 식탁에 올라와 있을 때는 한입에 먹을 수 있도록 품격을 갖춘 예의까지 더하여 우리를 식도락가로 만든다. 그래서 외국에 나가 보면, 격조 높은 우리나라의 음식을 그리워하게 된다.

◐ 〈조리의 산실, 부엌〉 (50.0×65.2cm, Oil on canvas, 2018)

제4장

직업관과

역사 속

직업 인물들

01

직업관과
직업윤리

우리는 총리나 장관을 임명하면 청문회를 거치게 된다. 경제가 어려울 때 경제 각료의 청문회에서는 과연 어려운 경제를 어떻게 잘 이끌어 나갈지에 대한 질의응답이 오가야 마땅하다. 하지만 부동산 투기를 했는지, 아들이 군대를 갔다 왔는지 등에 관한 질문이 집중적으로 이어진다. 그리고 이 과정이 명백히 증명되면 청문회는 무사히 끝나게 된다.

그런데 이렇듯 경제 각료의 경제적 능력보다 청렴결백함을 우선시하는 이유에 대해서 의문을 품는 사람은 아무도 없다. 이는 우리 민족이 삼국 시대부터 행정가에게 청렴결백을 요구해 왔기 때문이다.

우리 기업들은 입사한 직원들에게 조직문화 적응과 함께 직업윤리에 대한 별도의 교육을 실시하고 있다. 그리고 기업들은 직원들의 낮은 직업관에 대하여 불만을 토로한다. 그리고 몇몇 위인에 의존하여 직업관과 직업윤리를 설명하다 보니 5,000년 동안 맥을 이어 온 직업관과 직업윤리가 없는 것처럼 아예 무시되어 왔다. 그로 인해 어떤 이는 우리의 직업관과 직업윤리에 대하여 혹평을 하기도 하였다. 그러나 『고려사』나 『조선왕조실록』, 『연려실기술』 등에서 우리 선조들은 직무에 바탕을 둔 전문성과 다양성을 갖추고 투철한 직업관을 보여 준 직업인들로 그려져 있다.

◉ 〈빌딩 숲의 구두공〉 (53.0×33.3cm, Oil on canvas, 2017)

○ 〈환희의 몸짓, 무용가〉 (53.0×41.0cm, Mixed media on canvas, 2016)

현대를 '다중 직업의 시대'라고 한다. 이는 개인이 하루에도 다양한 직업에 종사하는 형태 또는 동시에 세 가지 이상의 직무를 수행하는 형태를 의미한다. 조선 시대의 관료들은 행정가인 동시에 정치가, 전술가, 외교관, 교수, 저술가, 시인, 화가 등 매우 다양한 능력을 갖추고 있었다. 이는 21세기에서 요구하는 다양한 능력을 지닌 인재상을 이미 600년 전부터 보여 준 것이라 하겠다.

『고려사』의 「열전」에 입전(立傳)되어 있는 650명의 인물은 충신, 역신, 효자, 열녀 등으로 구성되어 있다. 그중 직업과 연관이 있는 235명에 대하여 직업별로 일과 관련된 직업윤리와 직업관을 분석하였다. 이들 235명의 직업을 살펴보면, 행정가, 외교관, 군인, 교수, 박사, 지식인, 저술가, 의사, 발명가, 서예가, 음악가 등으로 구분된다. 『연려실기술』에 나타난 조선 시대의 직업인은 행정가 136명, 과학자 2명, 외교관 8명, 군인 17명, 교수와 박사·지식인·저술가 45명, 예술가 13명, 의사 3명까지 모두 224명에 이른다.

이 두 가지 자료를 통하여 고려 시대와 조선 시대의 직업관을 추정해 보면, 『고려사』의 「열전」에 제시된 직업인들과 조선 시대 직업인들의 직업관이 대부분이 동일하다. 그리고 현대의 직업윤리와 직업관과 견주어도 전혀 손색이 없어, 수천 년 동안 우리의 직업윤리가 면면히 이어져 내려왔다는 것을 알 수 있다.

가령 삼국 시대 이래로 가장 유망했던 직업인 '행정가'의 경우를 살펴보자. 청렴결백하고 언행이 바르며 공평한 처리와 몸소 법을 준수하고, 청탁을 배제하며 인재를 등용하는 능력을 갖추어야 하는가 하면, 항상 공부하여야 함을 제시하고 있어 오늘날의 공무원에게 요구되는 직업윤리와 조금도 다를 바가 없다.

◑ 〈뱃사공의 멋〉 (50.0×65.2cm, Oil on canvas, 2013)

다음 [표]는 우리나라 고유한 직업들에서 공통적으로 요구되는 자질과 직업관 및 직업윤리를 제시하고 있다.

[표] 우리 역사에서 나타난 직업의 공통 자질과 직업관 및 직업윤리

(1) 각 직업의 공통적 자질

	첫째	둘째	셋째	넷째
행정가	청렴결백 및 정직	정책 개발 능력 탁월	목숨을 잃어도 나라를 위하여 충간	항상 공부
외교관	- 우수한 문장력 - 외국어에 능통	국익을 위해서는 목숨도 아끼지 않음.		
군인	불리한 전황을 승리로 이끌어 낸 용병술	적에게 결코 항복하지 않고 사수	부하를 사랑하는 마음	
교수·박사· 지식인·저술가	그 분야에서 최고의 전문가	다양한 분야를 섭렵	퇴직 후에도 활동	열정적으로 학생 지도
의사	병든 자를 규휼하는 마음으로 가득	규휼할 때에 재산을 돌보지 않음.	병든 자의 귀천을 가리지 않음.	

(2) 직업관 및 직업윤리

직업명	성격	직무 수행 내용	직무 수행 태도	직업 유지 활동	특수 능력
행정가	- 온후한 인품 - 정직 - 청렴결백 - 교만하지 않음 - 충직 - 언행의 조심	- 정책 개발 능력 - 왕에게 충간을 함 - 공평한 일 처리 - 법 준수	- 근면 - 과단성 - 법을 몸소 준수 - 청탁 배제	- 항상 공부 - 문장이 수려 - 인권력·재력 등의 유혹에 현혹되지 않음. - 백성을 위하였음.	- 인재 등용의 공정성 - 인재를 알아보는 능력
외교관	- 예절 바름. - 태도 단정 - 정중 - 온후	- 탁월한 문장력과 뛰어난 언변 - 국익을 관철하는 투지력 - 외국에 문물을 전함.	- 논리 정연 - 풍부한 지식 - 투철한 국가관	- 저술 활동 - 인재 양성	
군인	- 용맹 - 관후 - 강직 - 지략	- 뛰어난 병기술 - 엄격한 규율 적용 - 국익을 우선시한 전술 구상	백성 보호를 우선시한 전술 전개	군졸을 잘 다스렸음	

교수·박사·지식인·저술가	- 올곧음 - 효자 - 높은 인품 - 진중	- 이론 정립 - 저술 활동 - 독자적·전문적 분야를 일으킴. - 교수하였음.	- 후진 양성에 매진 - 국가의 책략과 왕의 실책을 간언	항상 공부하고 연구하였음.	- 인재 개척 능력 - 인재를 알아보는 능력 여부
의사	- 근검 - 규휼을 하고자 하는 마음	- 의술을 펼쳤음. - 침을 놓았음. - 약재를 지었음.	- 생명을 귀중히 여김. - 병자의 귀천을 가리지 않음. - 혼신을 다해서 병자를 돌봄.	백성을 구제하는 데 재산을 사용함.	

우리나라는 삼국 시대부터 제작자나 시행자 등의 이름을 명시하여 일찌 감치 실명제를 도입하였다. 이를 통해 자신의 직무에서 책임지고 일을 하 며, 높은 기술을 가진 집단을 가려내기 위한 풍토가 일찍이 발달하였다는 사실을 알 수 있다.

고구려의 경우를 보면, 35년간 대역사로 이루어진 장안성 공사의 책임자 명단이 명문(銘文)으로 남아 있다. 평양성 석각은 6세기 후반의 것으로, 고 구려 장안성 축성 공사와 관련이 있는 성돌이며 현재 5종이 알려져 있다. 이 성돌에는 각 구간 공사 책임자의 관등이 소형(小兄) 내지 상위사자(上位使者) 의 명칭이 보이며, 공사 구간은 평균 13보 2척 6촌이라고 기록되어 있다.

백제는 칠지도에 명문이 새겨져 있는데, 안타깝게도 제작자의 이름은 판 별할 수가 없었다. 또 장인으로서 최초로 이름이 밝혀진 '다리(多利)'는 무령 왕비 은팔찌의 제작자였다.

신라는 라벨을 붙여 공장명을 제시하여 일본에 상품을 수출하였다. '자초 랑댁'이라는 묵서명이 적혀 있어 모전이 있고, '신라양가상묵', '신라무상묵' 은 신라의 양씨와 무씨 집안에서 만든 상등품의 먹이라는 것을 나타낸다.

고려 시대의 청동 대화로에 새겨진 글에 따르면, 기술 감독자는 '대광'이 다. 또 그 당시에는 종을 제작한 장인들의 이름도 종에 새겨 넣었다.

조선 시대는 기록의 역사를 갖고 있다. 『세종실록』의 세종 3년(1421) 4월에

◉ 〈도로에서 춤추는 기사〉 (65.2×50.0cm, Mixed media on canvas, 2016)

153

✪ 〈최고의 바다 기술자, 해녀〉 (53.0×72.7cm, Oil on canvas, 2013)

쓰인 "그릇의 질을 높이기 위해 사기 장인의 이름을 그릇 밑바닥에 써 넣기로 한다."라는 구절에서 장인 정신과 품질 관리를 위한 정책을 엿볼 수 있다. 1795년 정조 대왕은 『원행을묘정리의궤』(園幸乙卯整理儀軌)를 편찬 간행하였다. 행사를 주관한 정리소와 의궤를 편찬한 의궤청의 직원 명단, 배종자(陪從者) 명단이 6,000여 명에 달한다. 1801년에 발간된 『화성성역의궤』에는 동원된 인력의 인적 사항이 기록되어 있으며, 화성의 성문에는 공사 책임자 명단이 음각되어 있다.

이렇듯 제품을 만드는 생산자의 실명을 기록하는 것은 제품의 질을 높이는 데 주력하였고, 생산자가 최선을 다하여 제품을 만들었다는 증거이다. 그러므로 실명제는 직업윤리를 지킬 수 있도록 하는 제도적 장치라고 볼 수 있다.

삼국 시대 이래로 가장 유망한 직업은 관료, 다시 말해 행정가인 사무관이었다. 오죽하면 주자(周子)는 과거 제도가 제공하는 입신양명(立身揚名)의 미래가 학생들을 학문의 진정한 목적으로부터 멀어지게 한다고 하였겠는가! 과거에 합격하면 권위, 권력, 부귀 등이 함께 주어졌기 때문에 학생들은 과거 시험 응시에 매달렸다. 과거 시험에서 통과해야 국가 기관에서 근무할 수 있었는데, 과거 합격은 왕도 마음대로 할 수 없었다. 학생 시절의 정약용을 본 정조 대왕은 그가 과거에 붙기만을 고대하였다고 한다. 실학자 정약용은 22세, 이순신 장군 32세, 명의 허준 29세, 사상가 이이 34세에 문과나 무과에 급제하였다. 그 당시 과거 시험 경쟁률은 매우 높아서 합격률이 1%에도 미치지 못하였다고 한다.

『조선왕조실록』에 따르면, 조선 시대에 해군 사병은 기피 직종이었다. 중인들의 직업으로는 외교관, 의사, 천문학자, 법관, 지리학자, 수학자, 음악가 등의 기술직뿐만 아니라 일반 행정직, 군사 행정직 등이 있었다. 그중 고급 공무원, 법관, 외교관 등은 오늘날에도 많은 사람이 선호하는 직종이다.

02

우리 선조들의
진로 모델링[3]

학부모를 위한 청소년 진로 세미나 주제 발표에서 사회를 본 부산대 교수가 깜짝 놀랄 만한 화두를 던졌다. 그는 우리나라를 '거대한 진로 교도소'라고 소개하였다. 성공한 직업인들은 남들과는 다른 길을 가게 되고, 남다른 경력을 쌓다 보니 본의 아니게 윤리적인 면에 손상되는 일이 많다. 대우 그룹 김우중 회장은 『세상은 넓고 할 일은 많다』라는 책을 펴내어 그 당시 청년들이 널리 읽었고, 진로 모델링의 인물로서 부상되었다. 그러나 세월이 흘러 그는 피고로 재판정에 서게 되었다. 이런 경우가 어디 재벌 총수에 국한되겠는가? 역대 대통령도 법의 심판에서 자유롭지 않은 것이 우리 현실이다. 이처럼 우리는 '한때 잘나갔던' 사람들이 교도소에 들어가는 모습을 뉴스에서 매일 보고 있다. 그렇다면 우리나라는 거대한 진로 교도소임에 틀림이 없다.

우리 청소년들은 가정이나 학교, 선배나 친구를 통해 진로 고민을 나누고 있지만 진로에 대한 정보를 어떻게 구해야 할지, 어떻게 준비해야 하는지 정확하게 알지 못한다. 불확실한 진로에 대한 불안감은 '진로 대리 학습 인물의 부재(不在)'에서 비롯된다.

---

3) 이 내용은 한국연구재단(구 한국학술진흥재단)의 2005년도 기초 연구 과제 지원 사업 중에서 '인문 사회' 분야에서 선정된 과제로 한국연구재단 지원하에 수행된 결과이다.

◐ 〈손의 마술사, 미용사〉 (91.0×65.2cm, Oil on canvas, 2012)

우리 역사에는 진로 모델링이 가능한 인물이 차고 넘친다. 그러나 정작 역사 수업에서는 이들을 '오래전 과거의 인물'로만 여기도록 배웠다. 우리는 선조들에 대한 탐구 결과를 청소년들에게 전달하여 진로를 설정하는 데 길잡이가 되어 우리 민족의 정체성이 이어질 수 있다. 그러므로 진로 모델링 인물은 어느 정도 평가가 내려지고 검증이 된 역사적 인물에서 찾아야 한다.

진로 대리 학습 모형(agency learning modeling)은 청소년이 자신의 가치, 희망, 철학, 활동 분야 등에 의미가 있는 인물을 선정하고, 그 인물이 추구했던 인생의 목표, 방법 등을 따라 하게 하는 방식이다. 이 방식은 청소년이 갖는 갈등의 폭을 줄이고, 진로 개척의 길을 바르게 인도할 수 있으며, 진로의 좌표로 인식하게 하는 효과가 있다. 이는 곧 '내 인생 스승 따라하기'이다.

그동안 우리는 진로 대리 학습 인물로서 주로 서양인을 소개하였다. 중고등학교 시절 수업 시간에 접했던 위인들 중에는 서양인이 대부분이다. 우리나라 교육에서는 세계적인 위인들과 더불어 우리 선조들을 소개하여 우리의 주체성과 정체성을 갖도록 하는 과정이 필요하다. 이를 보완하기 위해서는 '살아가면서 얻은 진로들'에 의미를 부여하는 한편, 우리의 주체성과 정체성을 부연하고, 역사적 인물을 현대적 진로와 연계하여 인생의 스승 역할을 할 수 있도록 해야 한다.

진로 대리 학습의 역사적 인물 분석 결과, 90분이 선정되었다. 진로 유형을 9개 영역으로 분류하고, 각 영역별로 10분씩 모시는 작업은 그 시대 인간의 삶, 철학, 자기관리 노력 등을 분석하는 것으로 진행되었다. 이는 각 시대별·인물별 우수한 직업관과 직업윤리를 정립함으로써 청소년에게 한국인으로서의 직업적 정체성과 우수성을 부여하고, 건전한 직업의식을 고취시키는 한편, 우수한 인력 양성의 길을 마련하는 데 그 의의가 있다.

역사적 인물의 인생행로에 따라 다음 아홉 가지로 분류하였다. 인물이 갖는 성격이 다양해 하나의 분류 척도로 잴 수 없어 인위적으로 분류하였다.

무한능력형

- 인간의 한계를 초월한 능력
- 국가에 긍정적인 변혁을 일으킴
- 세계적인 업적을 기록
- 국가적 틀을 변화시킴

▶ 단군(?~?)
한국 사상 최초의 국가인 고조선의 첫 임금. 특히 한말 외세의 침입 앞에 민족적 단결이 필요한 시기, 단군은 단합을 위한 구심점이 되었다.

▶ 근초고왕(?~375)
삼국 시대 3대 정복자 중 한 명으로 백제를 전성기로 이끈 백제 13대 왕. 역사가들은 백제는 근초고왕 때에 이르러서야 비로소 완성되었다고 평가한다.

▶ 광개토 대왕(374~412)
역사상 가장 넓은 영토를 정복하였고, 가장 강한 왕조를 만들었던 고구려 19대 왕. 높은 민족적 자긍심과 주체적인 국가관을 가졌던 왕으로 평가된다.

▶ 을지문덕(?~?)
중국의 대국 수나라를 물리치고 민족정기를 드높인 고구려의 장군. 특히 동양사의 최대 전쟁 중 하나로 꼽고 있는 살수 대첩은 을지문덕 장군의 뛰어난 전략과 용맹성을 보여 주는 사례다.

▶ 김유신(595~673)
신라의 화랑으로 삼국 통일의 주인공. 신라가 삼국을 통일하는 데 김유신은 전투에서 큰 공을 세웠다.

▶ 원효 대사(617~686)
240여 권의 방대한 저술을 남긴 대저술가이며, 불교 사상의 발전에 큰 획을 그은 승려. 또 당나라에서 들여와 아무도 해독 못하던 '금강삼매경'을 설법하여 존경을 받기도 하였다.

▶ 대조영(?~719)
해동성국이라는 칭호를 얻을 정도로 번성한 발해의 건국자. 나라를 세운 후에는 대제국으로 국력을 성장시켰고 독립된 연호를 사용하고 황제국으로 칭하는 등 자주적인 리더의 모습을 보여 줬다.

▶ 이황(1501~1570)
조선 시대 중심 사상인 성리학의 가장 대표적인 학자. 호는 퇴계. 이황은 79번이나 벼슬을 사퇴하는 등 정치보다는 학자를 지향하였고, 그에 걸맞게 학자로 수많은 업적을 남겼다.

▶ 이순신(1545~1597)
조선 시대 임진왜란 때 일본군을 물리치는 데 큰 공을 세운 명장. 뛰어난 전술 전략가로 수많은 해전에서 승리하였으며, 죽는 순간에도 자신의 죽음을 숨기며 군을 독려하는 용맹스런 모습을 보였다.

▶ 세종 대왕(1397~1450)
우리 역사상 가장 위대한 왕으로 꼽히는 조선 4대 왕. 과학자이며 발명가였고, 수학자이며 천문학자였으며, 시인, 교육자, 언어학자이기도 했던 세종 대왕은 정치·경제·국방 등에 훌륭한 업적을 남겼다.

⊙ 주: 도판은 ㈔한국직업상담협회가 개최한 2012년 부산진로박람회에서 전시된 내용임.

청소년들은 인간이 갖는 무한한 능력을 발휘한 역사적 인물들이 어떻게 진로를 개척하였는지 알아봄으로써 자신의 잠재력을 일깨울 수 있다. 이러한 '무한능력형' 인물의 예에는 ① 세종 대왕(한글 창제와 첨단 과학화), ② 광개토 대왕(국토 확대와 대정복), ③ 이순신(국난 극복), ④ 원효 대사(불교 사상 융합), ⑤ 대조영(발해의 창건), ⑥ 근초고왕(백제의 중흥), ⑦ 을지문덕(수나라 침입 격퇴), ⑧ 김유신(삼국 통일의 중추 역할), ⑨ 이황(조선 유학의 기반 마련), ⑩ 단군(민족의 시조) 등이 있다.

진흥왕(534~576)
삼국을 통일할 수 있는 역량을 구축한 신라의 24대 왕. 역동적인 추진력으로 화랑을 제도화하고, 한강 유역을 확보하였으며, 불교를 통하여 백성들의 정신적인 구심점을 모색하였다.

장수왕(394~491)
고구려를 동아시아의 강력한 중심 국가로 만든 왕. 이로써 고구려는 북쪽으로는 개원, 남쪽으로는 아산만과 남양만에서 죽령에 이르는 넓은 판도를 차지하게 되어 일대 전성기를 맞이하게 되었다.

김구(1876~1949)
근대 한국에 대한 자신의 소신을 끝까지 굽히지 않고 실천했던 독립운동가. 대한민국 임시 정부 조직에 참여하고 1944년에 임시 정부 주석에 선임된 김구는 해방 후 통일 정부 수립을 위해 노력하였다.

김홍집(1842~1896)
고종을 비롯해 위정자들이 개화정책을 선택하는데 직접적 영향을 미친 조선 말기의 문신. 조선이 발전하려면 선진 외국과 제휴해야 하며, 점진적으로 변화를 추구해야 한다고 주장하였다.

성왕(?~554)
30년 동안의 왕위에서 백제 후기 역사를 장식한 왕. 그는 귀족 회의체의 정치적 발언권을 약화시켜 왕권 중심의 정치 운영 체제를 확립하였고, 일본에 불교를 비롯한 선진 문물을 전파·전수하였다.

정도전(1342~1398)
조선 왕조 500년의 기틀을 마련한 정치가. 정도전은 군사, 외교, 성리학, 역사, 행정 저술 등 다방면에 걸쳐 많은 활약을 하였다.

김춘추(604~661)
뛰어난 외교적 능력으로 삼국 통일의 토대를 닦고 왕의 자리까지 오른 인물. 당나라와 여러 차례 왕래하면서 외교적 성과를 거두고 군사 원조까지 약속받아 삼국 통일의 토대를 닦았다.

왕건(877~943)
새로운 리더십으로 후삼국 시대를 마감하고 고려를 세운 인물. 후삼국 시대의 지배 세력인 궁예나 견훤에서는 볼 수 없는, 시대적 요청에 부응하는 새로운 정치적 역량을 보여 주었다.

이성계(1335~1408)
중앙 귀족 가문 출신은 아니지만 새 이념을 바탕으로 새 나라를 세우는 데 성공한 인물. 고려 말 급진파 신진 사대부들과 뜻을 모아 사대주의, 배불숭유, 농본주의를 건국이념으로 삼고 새 시대를 열었다.

정조(1752~1800)
최고 통치자의 이상형으로 꼽히고 있는 조선 22대 왕. 이상 국가에 대한 신념을 실현하기 위해 기득권 세력과 싸우는 등 개혁을 두려워하지 않았던 인물로 평가된다.

신념실현형

- 미래를 예측하는 능력
- 새롭게 조직을 구성하거나 조직의 이익을 위해 의사결정을 하는 능력
- 이끌고 나가는 역동적 힘을 가짐

○ 주: 도판은 ㈔한국직업상담협회가 개최한 2012년 부산진로박람회에서 전시된 내용임.

경영 능력이 뛰어난 최고 경영자(CEO)에 해당하는 역사적 인물들은 미래를 내다보고 조직을 구성하여 이끌고 나가는 힘을 가졌다. 이러한 '신념실현형' 인물의 예에는 ① 정조 대왕(조선의 왕권 강화), ② 진흥왕(신라 영역의 확대), ③ 장수왕(고구려의 전성기 주도), ④ 왕건(고려의 창업), ⑤ 이성계(조선의 창업), ⑥ 정도전(조선 왕조 창건 설계), ⑦ 김구(상하이 임시 정부 주석), ⑧ 김홍집(초대 내각 총리대신), ⑨ 성왕(백제 영역 확대), ⑩ 김춘추(삼국 통일의 기틀 마련) 등이 있다.

▶ 장보고(?~846)

해상 무역을 개척한 인물로 통일 신라의 무장. 우리나라 무역을 태동시킨 인물로 평가되는 장보고는 완도에 청해진을 설치하고 해적 소탕을 통해 국제 해상 교통 질서를 확립한 후, 국제 해상 교역을 번창시켰다.

▶ 최무선(1325~1395)

고려 말·조선 초의 화약 발명가. 원나라에서 배운 화약 제조법(염초 제조술)을 기반으로 우리나라 최초의 화약을 발명하였고 화약과 화약 병기를 제조하였다. 또 세계 최초로 함포를 만들었다.

▶ 허준(1539~1615)

조선 의학사의 독보적인 인물. 조선 중기 선조의 주치의였던 허준이 편찬한 동의보감은 총 25권으로 각 질병마다 처방을 묶은 체제로 구성되어 있다. 현재는 세계 기록 유산으로 등재되어 있다.

▶ 김홍도(1745~?)

조선 후기의 대표적인 화가. 호는 단원(檀園). 조선 후기의 농민이나 수공업자 등 서민들의 생활상을 독창적인 화법으로 표현하였다. 한국적 해학과 정감이 넘치는 생생한 표정 등이 특징이다.

▶ 김정호(1804~1866?)

우리나라 지도를 제작한 조선 시대 대표적인 지리학자. 혼자서 30여 년간 전국 방방곡곡을 돌아다니며 완성한 대동여지도는 상세하고 정밀하기가 어떤 지도보다 뛰어나 우리나라 고지도 중 최고의 작품으로 평가된다.

▶ 지석영(1855~1935)

1879년 한국 최초로 종두(種痘: 천연두의 예방 접종)를 실시한 조선 후기 의사. 일본 위생국에서 두묘의 제조법과 독우의 채장법을 배우고 귀국하여 종두를 보급하였다.

▶ 주시경(1876~1914)

'한글'이라는 명칭을 처음 사용한 국문학자. 국어·국문 연구와 보급, 한자어를 한글 용어로 대체, 새로운 한글의 가로 풀어쓰기 시험 등 오늘날 국어학 발전의 터전을 마련하였다.

▶ 우장춘(1898?~1959)

'씨 없는 수박'을 탄생시킨 최초의 한국인 육종학자. 우리나라 농업 발전을 위해 일본에서 귀국한 우장춘은 채소종자의 국내 지급, 무균종서 생산 등 6·25 전쟁 이후 식량난 해결에 크게 기여하였다.

▶ 방정환(1899~1931)

한국 최초의 순수 잡지를 창간한 아동문학가. 한국 최초의 순수 아동 잡지 '어린이' 등을 창간하였고, 동시·동요·동화 창작뿐 아니라 5월 1일 어린이날 제정 등 아동 보호 운동을 진행하였다.

▶ 백남준(1932~2006)

비디오 아트의 창시자로 대한민국 태생의 미국 현대 미술가. 20세기 최고의 실험적인 작가 중 한 사람으로 예술에 대한 고정관념을 깨고 전혀 새로운 시각을 요구하는 많은 작품을 남겼다.

진로개척형

■ 그 시대에 용납되지 않은 분야로의 도전
■ 좌절하지 않고 진로장벽을 극복
■ 엄격한 신분 사회에서 신분을 극복하여 개인적 성공을 추구

◐ 주: 도판은 ㈜한국직업상담협회가 개최한 2012년 부산진로박람회에서 전시된 내용임.

또 진취적이고 강인한 도전 정신을 가지고 신분 차이, 미개척 분야라는 진로장벽을 극복하여 자신의 진로를 개척해 나간 인물들도 있다. 이러한 '진로개척형' 인물의 예에는 ① 김정호(우리나라 지도 제작), ② 우장춘(육종학 개척), ③ 김홍도(조선의 풍속화가), ④ 최무선(화약의 제조), ⑤ 지석영(종두의 실시), ⑥ 방정환(아동문화의 보급), ⑦ 장보고(신라 해양 개척), ⑧ 주시경(한글학자), ⑨ 허준(조선의 의학자), ⑩ 백남준(현대 비디오 아트의 창시자) 등이 있다.

■ 성공하기 위하여 어떤 고난이라도 헤쳐 나가는 정신
■ 시대적 통념 깨고 직업적 자유를 선언한 자세
■ 세상에 없는 것을 개발하여 실용화하는 자세

장벽극복형

▶ 설총(655~?)

원효의 아들로 신라 3대 문장가 중 한 명인 신라의 대표적 학자. 고대 한국어를 한문으로 표현한 첫 문자 체계 이두의 창시자로 알려져 있으나, 이 두 체계를 집대성한 인물로 추정된다.

▶ 우륵(?~?)

가야금을 만든 가야 가실왕과 신라 진흥왕 시대의 음악가. 한국 3대 악성의 한 사람으로 가야금을 만들고 신라로 귀화한 후에는 국원(지금의 충주)에서 가야금과 노래, 춤을 가르쳤다.

▶ 박연(1378~1458)

조선 초기 문신이며 음악가. 고구려의 왕산악, 신라의 우륵과 함께 3대 악성으로 일컬어진다. 박연을 통해 비로소 국악이 체계화되었다는 의미에서 박연은 '국악의 완성자'로 불린다.

▶ 장영실(1390?~1450?)

훌륭한 재주로 미천한 신분을 뛰어 넘은 조선 최고의 과학자. 기계의 원리를 파악하는 데 남다른 재주가 있었고, 만들고 고치는 일에 능통하였다. 서양보다 약 2세기나 앞선 측우기 등 수많은 기기를 제작하였다.

▶ 신재효(1812~1884)

조선 말기 판소리 연구가인 동시에 판소리 작가이자 문신. 판소리의 듣는 측면에 덧붙여 보는 측면을 강조하였다. '춘향가'를 남창과 동창으로 구분하여 판소리의 다양화를 시도하였다.

▶ 장승업(1843~1897)

가난한 고아였지만 조선 화단의 3대 거장이 된 조선 말기의 화가. 특히 산수, 인물, 영모, 사군자 등 다양한 소재를 다루는데 뛰어났다. 안견, 김홍도와 함께 조선 후기를 대표하는 화가로 일컬어진다.

▶ 나혜석(1896~1946)

그림의 천재로 '겨울에 피다만 자유의 꽃'이라고 불리는 화가이자 문필가. 우리나라 최초의 여성 성양화가로서 독자적 화풍을 형성하며 천부적 재능으로 조형어법의 바탕을 다져나갔다.

▶ 나운규(1902~1937)

민족 항일기의 선구적인 영화인. 투철한 민족정신과 영화 예술관을 가진 배우이자 최초의 시나리오 작가일 뿐 아니라 뛰어난 배우 양성자이며, 연기 지도자였다. '아리랑'이라는 불후의 명작을 남겼다.

▶ 최승희(1911~?)

한국인 최초로 근대 무용에 입문해 세계에 춤추온 무용가. 일제 말기 당시 처음으로 독무로 17일간 24회의 장기 공연을 한 개척자이기도 하였다.

▶ 정주영(1915~2001)

현대그룹 창업자로 자수성가한 기업인의 전형. 가난한 농부의 아들에서 세계적인 기업을 일구어 내며 '할 수 있다'는 신념을 강조, 자신부터 그러한 도전을 실천한 기업인이다.

○ 주: 도판은 ㈔한국직업상담협회가 개최한 2012년 부산진로박람회에서 전시된 내용임.

그런가 하면 무에서 유를 창조하고 어떠한 장벽에도 굴하지 않은 입지전적 인물들도 있다. 이러한 '**장벽극복형**' 인물의 예에는 ① 우륵(가야금을 만든 신라 음악가), ② 정주영(현대의 기업가), ③ 장영실(조선의 노비 출신 과학자), ④ 장승업(조선의 화가), ⑤ 나운규(일제 강점기의 영화인), ⑥ 나혜석(최초의 여성 서양화가), ⑦ 최승희(근대 무용가), ⑧ 박연(조선의 문신, 음악 이론가), ⑨ 설총(신라, 이두 체계의 창시자), ⑩ 신재효(조선의 판소리 작가) 등이 있다.

윤리추구형

- 요구하는 직업윤리를 준수
- 직무에 충실함을 굽히지 않음
- 직무를 수행할 때 투철한 정신으로 임함

▶ 서희(942~998)
뛰어난 외교술로 국토를 지킨 고려 초기의 외교가. 서희는 문무를 겸비하고 근엄한 성품을 지닌 인물로 특히 거란의 침입 때 큰 공을 세운 것으로 유명하다.

▶ 박제상(363~419)
죽음의 위협 앞에서도 끝까지 충절을 지킨 신라의 충신. 볼모로 잡혀 있던 왕제들을 탈출시키고 자신은 왜왕에게 붙잡혔을 때, 죽음의 위협 앞에서도 왜의 신하가 될 수 있다는 충정을 굽히지 않았다.

▶ 박문수(1691~1756)
부정한 관리를 적발한 암행어사로 이름을 떨친 조선 후기의 문신. 농민들이 감당하기 어려운 대표적인 부담으로 군포의 폐단을 들고, 이를 적절히 감면하는 것이 급선무임을 지적하였다.

▶ 유형원(1622~1673)
조선 후기 실학의 개척자. 악습을 제거하고 정치를 바로잡아 나라를 부강하게 하며 백성들을 도탄에서 구원하는 실학적인 목적을 추구하였다.

▶ 최영(1316~1388)
전승 기록을 가진 고려의 명장. 안팎으로 혼란스럽던 고려 말, 최영은 밖으로는 외적의 침입을 물리치고 안으로 고려 왕실을 지키겠다는 뜻을 갖고 있었다.

▶ 이이(1536~1584)
퇴계 이황과 쌍벽을 이루는 조선 중기의 대유학자. 어머니는 사임당 신씨. 임진왜란 이전 국방력 강화를 위해 10만 양병설을 주장하였던 선각자였으며, 동·서인 간의 갈등 해소를 위해 노력하였다.

▶ 이종무(1360~1425)
조선 역사상 가장 성공한 해외 원정을 이끈 고려 말·조선 초기 무신. 이종무가 성공적으로 이끈 대마도 정벌은 명으로부터는 명분을, 왜구로부터는 실리를 챙기는 큰 성과를 올렸다.

▶ 정몽주(1337~1392)
고려에 대한 절개를 끝까지 지킨 뛰어난 문신. 고려에 성리학이 도입될 때 이를 보급하는 데 힘썼고, 빈민 구제를 위한 개혁 정책에 대한 신념도 강하였다. 그러나 이방원의 회유를 거절, 죽임을 당하였다.

▶ 맹사성(1360~1438)
타고난 문화 전략가라는 평가를 받는 고려 말·조선 초의 재상. 문화와 전통을 바라보는 유연하고 참신한 사고를 겸비하여 태종부터 세종에 이르기까지 당시 최고의 지성이자 모범이었다.

▶ 황희(1363~1452)
청백리이자 조선 왕조 통틀어 가장 명망 있는 재상. 황희는 정치 일선에서 원칙과 소신을 견지하면서도 때로는 관용의 리더십을 발휘하여 건국 초기 조선의 안정에 기여하였다.

○ 주: 도판은 ㈔한국직업상담협회가 개최한 2012년 부산진로박람회에서 전시된 내용임.

그리고 올바른 직업관과 직업윤리를 구현한 역사적 인물도 있다. 이러한 '윤리추구형' 인물의 예에는 ① 정몽주(고려의 정치가), ② 황희(조선의 문신), ③ 이이(조선의 사상가), ④ 맹사성(조선의 재상), ⑤ 유형원(조선의 실학자), ⑥ 최영(고려 말의 명장), ⑦ 이종무(고려 말에 왜구 토벌), ⑧ 박문수(조선의 문신, 어사), ⑨ 서희(고려의 외교가), ⑩ 박제상(신라의 충신) 등이 있다.

▶ 계백(?~660)
백제의 마지막과 끝까지 함께한 백제 말기의 장군. 계백은 5천 명의 군사로 나당 연합군 5만 대군에 대항하였고, 자신의 처자를 모두 죽이고 비장한 각오로 백제가 망할 때 마지막 전투에 임하였다.

▶ 흑치상지(?~?)
멸망되어 가는 백제의 부흥을 꿈꾸었던 백제 말기의 장군. 흑치상지는 용감하고 지략이 뛰어난 전형적인 군인으로 신중함, 성실함, 온화함, 선량함 등을 두루 갖춰 명망이 높았다.

▶ 강감찬(948~1031)
우리나라 역사상 가장 위대한 3대 대첩 중 하나인 귀주 대첩을 이끈 고려 전기의 문신. 거란과의 항쟁에서 그가 보여 준 용맹함과 치밀하고 조직적인 대응은 문무 모두에 능한 그의 면모를 보여 준다.

▶ 권율(1537~1599)
임진왜란 당시 조선군 총사령관으로 왜군의 침략을 성공적으로 막아낸 조선 중기의 문신. 권율은 임진왜란 3대 대첩 가운데 하나인 행주 대첩을 이끈 장군이다.

▶ 유성룡(1542~1607)
임진왜란 때 도체찰사로 국무를 총괄하여 국난을 극복한 조선 중기의 명재상. 특히 임진왜란 때 이순신, 권율과 같은 명장을 등용하여 국난을 극복하는 데 기여하였다.

▶ 공민왕(1330~1374)
투철한 자주의식을 갖고 실리 외교를 추구한 고려 31대 왕. 원나라의 인질로 있다가 고려의 왕이 된 후 강력한 개혁을 밀어붙여 원나라에 빼앗겼던 국토를 회복하고 기득권층인 권문세족을 숙청하였다.

▶ 최익현(1833~1906)
명분이 상실된 관직을 버리고 우국애민의 위정척사의 길을 택한 조선 후기의 지사. 일본과의 병자 수호 조약 체결을 반대해 유배되었지만 그는 신념을 꺾지 않고 항일 의병 운동을 진행하였다.

▶ 박은식(1859~1926)
한말 일제 강점기의 민족사학자·언론인·독립운동가. '황성신문' 주필로 활동하였으며, 신한 청년당을 조직하는 등 활발한 활동을 하였다. 대표적 저작으로 '한국통사'와 '한국독립운동지혈사'가 있다.

▶ 민영환(1861~1905)
일본의 내정 간섭에 죽음으로 저항한 한말의 문신. 그는 개화사상을 실천하고자 하였지만 국운이 이미 기울어짐을 보고 자결, 일본의 침략에 목숨을 바쳐 항거하였다.

▶ 이승훈(1864~1930)
3·1 운동 민족 대표 33인의 한 사람인 교육자·독립운동가. 가난한 시골 선비의 아들로 태어났으나 국내 굴지의 부호가 되었으며, 오산학교를 세우는 등 다방면에서 활동하였다.

■ 홍익인간 구현
■ 일생을 국가를 위하여 활동
■ 늘 국가를 위한 마음으로 세상을 바라봄
■ 국가 이익 추구에 전념

국가수호형

○ 주: 도판은 (사)한국직업상담협회가 개최한 2012년 부산진로박람회에서 전시된 내용임.

투철한 국가관과 자기희생을 몸소 보인 인물도 있다. 이러한 '국가수호형' 인물에는 ① 유성룡(임진왜란 당시 국방과 민심을 수습한 명재상), ② 공민왕(반원 정책 주도), ③ 계백(황산벌 전투를 지휘한 백제의 장군), ④ 흑치상지(백제 부흥의 주도), ⑤ 이승훈(근대 실업가, 교육가), ⑥ 박은식(근대 역사학자, 언론인), ⑦ 강감찬(고려 명장, 귀주 대첩), ⑧ 권율(조선 명장, 행주 대첩), ⑨ 민영환(대한 제국 말기의 문신이자 순국지사), ⑩ 최익현(조선 후기~대한 제국 말기의 문신이자 학자) 등이 있다.

다중직업형

- 동시에 다양한 직업을 병행
- 일생동안 다양한 분야에서 두각을 나타냄
- 한 가지 일에 만족하지 않고 새로움을 탐구하는 자세

▶ 거칠부(502~579)
신라 역사서 '국사'를 편찬하였으며, 지략이 뛰어난 장군이었던 신라 진흥왕 때의 재상. 진흥왕 순수비에도 그의 이름이 있는 것으로 보아 진흥왕 때 가장 영향력 있는 장군이었음을 알 수 있다.

▶ 최치원(857~?)
신라 말기 신흥 세력인 6두품 출신 지식인 중 가장 대표적인 인물. 진골 귀족 중심의 독점적인 신분 체제와 국정의 문란함을 바로잡으려고 노력하였다.

▶ 김부식(1075~1151)
70세의 나이로 '삼국사기'를 쓴 고려 중기 명문장가. '삼국사기'는 고려의 중흥 시기에 남겨진 가장 중요한 업적 중 하나이다.

▶ 일연(1206~1289)
단군 신화를 처음으로 수록한 '삼국유사'를 쓴 고려 후기의 고승. 일연의 '삼국유사'는 우리 민족의 뿌리에 대해 많은 것을 알려주었다는 점에서 큰 의의를 갖는다.

▶ 문익점(1329~1398)
목화를 들여와 따뜻한 옷을 입게 한 고려 말의 문신. 후에 조식은 '백성에게 옷을 입힌 것이 농사를 시작한 옛 중국의 후직씨와 같다.'고 문익점을 찬양하였다.

▶ 강희안(1417~1464)
시와 그림, 글씨에 모두 뛰어나 안견, 최경과 함께 '3절(三絕)'이라고 불린 조선 초기의 문신. '용비어천가'를 주석하고 '동국정운'을 편찬하였으며, 조선 8도 및 서울 지도를 만드는 데도 참여하였다.

▶ 신숙주(1417~1475)
글에 능하고 학식이 뛰어나 훈민정음 창제에도 참여하였던 조선 전기의 문신. 일본과 명나라와의 외교에도 많은 공을 세웠으며, 학문적 소양이 깊어 '세조실록'과 '예조실록'을 편찬하였다.

▶ 정약용(1762~1836)
조선 후기 실학사상을 집대성한 개혁가. 그는 이용후생의 정신을 바탕으로 토지 제도 개혁을 추진하고 또 수원 화성을 쌓을 때 거중기를 사용하는 등 과학 기술 분야에서도 재능을 펼쳤다.

▶ 김정희(1786~1856)
글씨와 그림, 시, 산문에 이르기까지 학자와 예술가로 최고의 경지에 오른 조선 후기의 문신. 북학파의 한 사람으로 조선의 실학과 청나라의 학풍을 융화시켰고, 서예에도 능하여 추사체를 창안하였다.

▶ 김종서(1383~1453)
지략이 뛰어나고 강직해 '대호(大虎)'라는 별명으로도 불린 조선 전기의 문신. 세종 때 6진 개척을 주도해 두만강을 경계로 국경선을 확정하는 데 큰 공을 세웠다.

❂ 주: 도판은 ㈔한국직업상담협회가 개최한 2012년 부산진로박람회에서 전시된 내용임.

우리 역사를 보면 동시에 다양한 직업(multi-job)을 가진 인물도 많다. 이러한 '다중직업형' 인물에는 ① 정약용(조선의 학자 문신, 발명가), ② 강희안(조선의 문신, 학자, 화가), ③ 김부식(고려 문신, 외교관, 역사가), ④ 김정희(조선 서화가, 금석학자), ⑤ 최치원(신라의 학자, 문장가), ⑥ 문익점(고려의 문신, 목화씨 도입), ⑦ 일연(고려의 승려, 역사가), ⑧ 신숙주(조선의 문신이자 학자, 외교관), ⑨ 김종서(조선의 문신이자 학자, 장군), ⑩ 거칠부(신라 귀족, 학자, 명장) 등이 있다.

► 김대성(700~774)
석굴암 설계를 완성한 신라의 건축·조각가. 신라 경덕왕 10년, 부모의 무병장수와 국가의 안녕을 위해 불국사와 석불사, 장수사 등이 창건될 때 천재적인 기술과 솜씨를 발휘해 석굴암 설계를 완성하였다.

► 을파소(?~203)
고구려의 대표적인 국상(國相). 그가 국사에 임할 때 백성이 편안하고 내정이 안정돼 백성들로부터 높은 신임을 얻었다. 특히 세계 최초의 사회복지법이라고 할 수 있는 진대법 실시에 큰 영향을 주었다.

► 석주명(1908~1950)
한국의 박물학자이자 곤충학자. 이 땅을 날아다니는 나비에 거의 일본어 이름이 붙어 있었을 당시 석주명은 우리말로 된 이름을 붙여주었다. 지금도 그가 지은 이름 중 70% 이상이 쓰인다.

► 이제마(1838~1900)
새로운 의학 체계를 연 조선 말기의 한의학자. 오랜 연구를 거듭해 사람마다 체질이 다르므로 그 치료도 달라야 한다고 주장하였고, 태양·소양·태음·소음의 네 가지 체질이 있다는 사상의학을 제창하였다.

► 혜초(704~787)
인도 여행 등 끊임없이 불교를 연구한 신라의 고승. 불교의 본고장인 인도로 건너가 구도의 길을 걸었고, 많은 불경을 번역하였다. 그의 인도 여행기인 '왕오천축국전'은 동서 교섭사 연구에 귀중한 사료다.

► 박지원(1737~1805)
조선 후기의 실학자이자 사상가, 소설가. 호는 연암(燕巖). 청나라의 문물을 배워야 한다는 북학파 계열로, 이용후생의 실학을 강조하였다. 양반 계층의 타락상을 고발하여 당시 사회에 큰 영향을 끼쳤다.

적성추구형

- 혼이 깃든 제품 생산
- 끊임없는 탐구
- 도제정신이 투철
- 뛰어난 솜씨를 전수하여 인력 양성

► 대각국사 의천(1055~1101)
천태종을 개창한 고려 시대 승려. 왕족 출신 승려로 의천은 교(敎)와 선(禪)을 함께 닦는 교관겸수를 주장하였다. 교관겸수는 조계종의 창시자인 지눌의 정혜쌍수 사상과 함께 한국 불교의 전통이 되었다.

► 최충(984~1068)
해동공자(海東孔子)라고 칭송된 고려의 문신 겸 학자. 조정의 주요 관직을 두루 거치며 실록 편찬에도 참여하는 등 활발한 활동을 펼쳤다. 또 퇴관 후에는 9재 학당을 세워 인재를 양성하였다.

► 이규보(1168~1241)
고려의 대문호로 천재 시인. 호는 백운거사(白雲居士). 어려서부터 시와 문장에 뛰어났고, 영웅 서사시 '동명왕편'은 한국 문학사에 남긴 큰 업적으로 평가된다.

► 김시습(1435~1493)
조선 초기의 학자이며 문인. 생육신의 한 사람. 한국 최초의 한문소설 '금오신화'와 승려가 돼 유람하며 지은 '탕유호남록' 등을 남겼다.

○ 주: 도판은 ㈔한국직업상담협회가 개최한 2012년 부산진로박람회에서 전시된 내용임.

그런가 하면 고도의 전문성을 추구한 인물 역시 많다. 이러한 '적성추구형' 인물에는 ① 김대성(불국사 창건), ② 혜초(『왕오천축국전』의 신라 승려), ③ 최충('해동공자'라고 불리던 고려의 문신), ④ 이제마(조선의 한의학자), ⑤ 이규보(고려 말의 문인이자 학자), ⑥ 김시습(조선의 소설가), ⑦ 박지원(조선의 실학자, 소설가), ⑧ 을파소(고구려의 명재상), ⑨ 의천(천태종을 창시한 고려의 승려), ⑩ 석주명(한국의 박물학자이자 나비 연구에 업적을 남긴 곤충학자) 등이 있다.

❍ 주: 도판은 ㈔한국직업상담협회가 개최한 2012년 부산진로박람회에서 전시된 내용임.

은퇴 후에도 직업 활동을 전개한 인물도 있다. 이러한 '자기헌신형' 인물에는 ① 강백년(조선의 문신, 청백리), ② 최승로(나말여초의 재상, 문신), ③ 김인문(신라의 장군, 외교가), ④ 이승휴(고려의 문신, 예술가), ⑤ 이언적(조선의 성리학자) ⑥ 이제현(고려의 문신, 서예가), ⑦ 변계량(여말선초의 관인 문학가), ⑧ 김인후(조선의 성리학자), ⑨ 안향(고려의 문신이자 학자), ⑩ 안정복(조선의 실학자, 역사가) 등이 있다.

서양에서는 부모가 어린 자녀들을 교육할 때 신사나 숙녀가 되어야 한다는 것을 강조한다. 그래서 부모의 가르침 중에서 신사나 숙녀가 갖추어야 할 덕목에 대한 내용이 큰 비중을 차지한다. 한마디로 '신사'와 '숙녀'가 자녀의 롤 모델이 될 수 있는 것이다. 우리도 학무모가 9가지 유형의 인물 90분 중에 자녀의 진로를 개척하는 데 스승이 될 만한 인물을 여러 분을 선정하여 이 분들의 삶, 철학, 자기관리 등을 위한 노력 등을 자녀들과의 대화 속에 회자한다면 자녀들은 은연중에 '내 인생 스승'으로 삼아 자녀의 진로 개척의 좌표로 자리매김할 것이다.

　'내 인생 스승 따라하기'를 돕기 위하여 앞에 소개된 인물들을 2012년 부산진로박람회 때 화폐로 제작한 바 있다. 이 화폐를 청소년들이 지갑에 간직하도록 하여 외롭고 힘들 때 위로를 받는 도구로 사용한다면, 학부모들의 자녀 진로 염려증의 일부분을 해결하는 데 도움이 될 것이다.

　이 화폐는 우리나라 화폐 모양을 본따서 제작하였다. 화폐 바탕은 인물과 관련된 역사적 유물이나 형상을 넣었으며, 앞면은 인물 사진을 넣었고 소개 글은 진로 유형과 인물의 인생 전체를 조망하였으며, 뒷면은 인물들의 진로 경로를 해당 연도와 연령에 따라 소개하였다.

　그 한 예로써 강인한 도전 정신을 가지고 진로를 개척한 인물 중에서 우장춘(1898~1959) 박사를 소개한다. 1895년 일본이 주도하여 훈련대가 창설되었는데, 제2대대장으로 우범선 장군이 임명되었다. 하지만 명성 황후는 친일 성향의 훈련대에 위협을 느끼고 해산과 무장 해제를 명하였으며, 그 이튿날 우범선 장군은 휘하 장병을 이끌고 일본군 수비대와 함께 궁궐에 침입, 명성 황후를 시해하고 시신에 석유를 부어 태우는 마지막 처리 과정에도 가담하였다. 결국 우범선 장군은 일본으로 망명하고 일본 여자와 결혼하였으며, 우리나라 자객에 의해 암살당하였다. 우장춘 박사는 바로 이 우범선 장군의 장남으로 태어났다.

역적의 아들로 태어난 역사적 운명의 우장춘 박사는 50대에 우리나라 농업 발전을 위해 일본에서 혈혈단신으로 귀국하여 강원도 감자, 제주도 감귤, 오늘의 한국 배추 등을 만들었고, 채소 종자의 국내 자급, 무균종서 생산 등 6·25 전쟁 이후의 식량난 해결에 크게 기여하였다. 좌절을 모르는 초인적인 연구의욕을 가졌던 인물로서 우장춘 박사는 최초의 한국인 육종학자이다.

다음은 우장춘 박사의 일대기이다.

1898년	동경에서 출생. 한국인 아버지 우범선과 일본인 어머니 사카이에게서 태어남.
1901년(4세)	명성 황후 시해 관련 혐의자로 지목받은 아버지 우범선이 자객에 의해 피살됨.
1919년(22세)	일본 도쿄제국대학 농학부 졸업.
1935년(38세)	현존 종을 재료로 다른 종을 실험적으로 합성해 내는 '종의 합성'을 연구, 연구의 절정을 이루며 세계적으로 새 길을 엶.
1936년(39세)	'종(種)의 합성'이라는 논문으로 농학박사 학위를 받음.
1937년(40세)	일본 농림성 농사시험장 기사로 발령.
1945년(48세)	다키이 연구농장 사임. '채소의 육종기술' 발표. 이는 그의 오랜 연구와 경험을 체계적으로 확립한 결론으로, 이 논문에서 말한 예언이 현재 대부분 실용화되고 있을 정도로 정확하고 깊이 있는 내용을 담고 있음.
1950년(53세)	3월 정부의 초청으로 귀국. 5월 한국농업과학연구소의 소장으로 취임. 일본에 의존하던 채소종자를 국내에서 완전히 자급할 수 있도록 하였고, 우리나라 육종학도와 종묘기술자를 양성하는 데 전력을 기울임.
1958년(61세)	원예 시험장장으로 취임.
1959년(62세)	8월 10일 사망. 8월 9일 대한민국 문화포장을 받음.

우장춘 박사에 대한 이러한 자료들을 바탕으로 제작한 화폐는 다음과 같다.

(앞)

일만원

[진로개척형] 우장춘(1898~1959)
'씨 없는 수박'을 탄생시킨 최초의 한국인 육종학자. 우리나라 농업 발전을 위해 일본에서 귀국한 우장춘은 강원도 감자, 제주도 감귤, 오늘의 한국 배추 등을 만들었다. 채소종자의 국내 자급, 무균종서 생산 등 6·25동란 이후의 식량난 해결에 크게 기여하였다. 좌절을 모르는 초인적인 연구 의욕을 가졌던 인물로 전해진다.

(뒤)

1898년	동경에서 출생. 한국인 아버지 우범선과 일본인 어머니 사카이에게서 태어남.
1901년(4세)	명성황후 시해 관련 혐의자로 지목받은 아버지 우범선이 자객에 의해 피살됨.
1919년(22세)	일본 도쿄제국대학 농학부 졸업
1935년(38세)	현존 종을 재료로 다른 종을 실험적으로 합성해 내는 종의 합성을 연구, 연구의 결정을 이루며 세계적으로 새 길을 엶.
1936년(39세)	'종(種)의 합성'이라는 논문으로 농학박사 학위를 받음.
1937년(40세)	일본 동림인 동사시험장 기사로 발령
1945년(48세)	다카이 연구소 경영을 체계적으로 확립한 결론으로, 이 논문에서 어떤 연구자의 애견이 현재 대부분 실용화되고 있을 정도로 정확하고 깊이 있는 내용을 담고 있음.
1950년(53세)	3월 정부의 초청으로 귀국. 5월 한국농업과학연구소의 소장 취임. 일본에 의존하던 채소종자를 국내에서 완전히 자급할 수 있도록 했고 우리나라 육종학도의 종묘기술자를 양성하는 데 전력을 기울임.
1958년(61세)	대한민국 문화포장을 받음
1959년(62세)	8월 10일 사망. 8월 9일 대한민국 문화포장을 받음.

✪ 주: 본 화폐의 앞면과 뒷면을 보여 주는 도판은 (사)한국직업상담협회가 개최한 2012년 부산진로박람회에서 배포되었음.

'내 인생 스승'이 있다면 자녀들에게 어떤 로드맵으로 인생을 살아가야 하는지를 계획하게 할 필요가 있다. 정녕 우리가 150세 정도 산다면 이러한 인생 로드맵을 만들어 보고 이 로드맵으로 가고 있는지 점검하는 것이 '내 인생 스승'과 만나는 길이기도 하다.

◎ 〈한낮에 일하기〉 (53.0×41.0cm, Oil on canvas, 2013)

◑ 〈자화상〉
(100.0×50.0cm, Oil on canvas, 2010)

참고 문헌

고전연구실(2001), 신편 고려사 제1책, 신서원 편집부, p.87, p.489

과학백과사전종합출판사(2001), 민속공예, 다산출판사

과학백과사전종합출판사(2001), 한국과학사

교육부(1996), 고등학교 국사 상, 국사편찬위원회, p.79

국립김해박물관(1998), 국립김해박물관 도록, p.13, p.26

국립중앙박물관(2000), 국립중앙박물관 도록

국립중앙박물관(2000), 국립중앙박물관 도록, p.131

국립중앙박물관(2006), 국립중앙박물관 도록, p.113

국사편찬위원회(1995), 조선초기의 사회와 신분구조

국사편찬위원회(1996), 한국사 10 발해, p.171, p.187

궁중음식연구원(2000), 음식디미방

김병숙(2016), 한국직업발달사, 시그마프레스, pp.45~67, pp.78~85, p.177, pp.277~278, pp.297~326, pp.434~440

김병숙 외(2005), 청소년의 진로대리학습을 위한 역사적 한국인물 조사 및 진로대리학습 모형개발, 한국연구재단

김영표 · 임은선 · 김영준(2004), 한반도 산맥체계 재정립 연구: (산줄기 분석을 중심으로), 국토연구원, p.62

박성래(2001), 한국사에도 과학이 있는가, 교보문고, p.44, p.58

박영규(2002), 세종대왕과 그의 인재들, 들녘, p.7

서울대학교박물관 · 동경대학교 문학부(2003), 해동성국 발해, 서울대학교박물관 · 영남대학교박물관, p.15

송기호 역(1999), 발해고, 홍익출판사, pp.39~44, p.125

송기호(2000), 발해를 찾아서, 솔, p.157, p.253

심연옥(2002), 한국직물오천년, 고대직물연구소

연세대학교 국학연구원(2001), 고려~조선 전기 중인 연구, p.4

유원제(2002), 백제사의 특성, 백제의 역사와 문화, 학연문화사, 이기동, p.30

유홍준, 나의 문화유산답사기 2, 창비

윤장섭(1997), 한국의 건축, 서울대학교출판부, p.155, p.372

이남규(2013), 한국 고대 철기 문화 계통과 발전 양상의 역사적 의미 – 고고학과 금속공학의 융합적 분석 고찰을 통하여, 한국연구재단

이명직(1995), 대가야의 역사·지리적 환경과 영역, 대가야연구, 춘추각

이민수 역(2002), 삼국유사, 을유문화사, p.173

이병도 역(2001), 삼국사기 상, 신라본기 제4 지증마립간, 을유문화사, p.88

이병도 역주(2001), 삼국사기 상, 을유문화사, p.211, pp.250~306

이이화(2001), 몽골의 침략과 30년 항쟁, 한길사, p.135, p.288

전상운(2000), 한국의 과학사, 세종대왕기념사업회, p.35, p.190

전상운(2001), 한국과학사, 사이언스북스, p.270

차용걸 외(1988), 한국의 성곽, 눈빛, p.23

최두환 역(2005), 난중일기, 학민사, pp.24~25

포항제철(1993), 영일만에서 광양만까지, 포항제철 25년사

한국생활사박물관편찬위원회(2000), 한국생활사박물관 02 고조선생활관, 사계절, p.58

한국생활사박물관편찬위원회(2001), 한국생활사박물관 03 고구려생활관, 사계절. p.29, p.76

한국생활사박물관편찬위원회(2001), 04 백제생활, 사계절, p.57

한국역사연구회(2000), 삼국시대 사람들은 어떻게 살았을까, 청년사, p.209

KBS(1999. 2. 20), 제16회 가야흥망의 블랙박스, 철갑옷

https://www.internetworldstats.com/stats.htm

100.naver.com

KBS(2000. 1. 29), 밀레미엄특집 – 대고구려 제4편 고구려인의 재산목록 1호는 수레였다

KBS역사스페셜, 1999; 한국생활사박물관 편집위원회, 2000; 국립청주박물관, 2000: Kincaid, Yum, (1987).

www.bok.or.kr

www.changwon.go.kr

www.daum.net

www.kofoti.or.kr

www.museum.go.kr.